文學叢刊

東瀛風光

張慧琴著

文史哲出版社印行

姜序

·姜龍昭·

張慧琴女士，年輕時，就在日本京都大學教育學院接受教育，畢業後，先在大學擔任講師、副教授等教職，後在大阪中華學校任校長職，歷四十餘年，等於一身奉獻給了教育。執教之餘，她還抽空寫作，出版了好幾種著作，其中有一本「川端康成的心靈美」參考了三十六本書籍才完成，殊爲不易。所以說，她在日本大阪是知名的華文女作家，在當地的報章雜誌上，經常可以讀到她以「張妤」爲筆名，發表的文章。

張女士的夫婿喬炳南先生，畢業於中國大陸的北京師範大學，在日本京都大學獲法學博士學位，爲日本帝塚山考古學研究所客座教授，現爲該校名譽教授，譯有日本井上靖等名家作品多種，以「喬遷」筆名出書，是我國旅居日本國際間有名的學者，對漢學漢詩中譯、中日文化之交流，有相當突出的貢獻。

這一對愛好文學的伉儷，因有不少中文譯作之出版，在日本文藝界，尤其是在大阪，享有盛名，無人不知。

而我則一直在台灣生活了五十餘年，雖亦曾去過日本，但未到過大阪，怎麼會與她倆相識，並爲張女士的這本新書「東瀛風光」寫序呢？說起來，眞是「有緣千里來相會」，非常奇妙的一件事。

我在台灣電視界服務了三十餘年，然後屆齡退休，因我也愛好寫作，五十餘年來，未有中斷，如今我已七十五歲，前後出版了六十本書，其中，有不少是文史哲出版社出版的，與該社負責人彭正雄先生甚爲熟稔，張女士希望出版這本「東瀛風光」，乃與之結下了文字緣。我送了一本我的新著「掀開歷史之謎」給她，她們夫婦也送了她們的著作給我，拜讀之下，我才知道張女士是江蘇吳江縣人，而我是江蘇吳縣人，如今，大陸上已把吳縣區域擴大，將吳江、太倉、常熟、昆山、張家港、吳縣等六縣市合併稱爲「蘇州市」，張女士又年長我三歲，我倆不僅是小同鄉，而且我應名正言順稱張女士一聲「大姐」，她邀請我爲這本書寫序，眞是我莫大的光榮！

細閱「東瀛風光」的內容，除了可以瞭解日本文壇的近況外，對於日本人的風俗習慣、生活品味，什麼「茶會」、「書道」、「財神祭」、「蜜柑狩」……透過本書的文字介紹，當可有深入眞切的體會。

民國八十四、五年間，我爲了考證楊貴妃死在日本的史實，有意去日本親自造訪山口縣大津郡油谷町的「楊貴妃墓」，因找不到精通日語的翻譯人員作伴，無能如願。

如今，我因「東瀛風光」的出版，張大姐、姐夫，願伴我同往一遊，了我生平一大願望，我眞該好好謝謝張大姐呢！

是爲序。

二〇〇二年四月十五日台北

（註：姜龍昭，現爲中華民國編劇學會理事長。輔仁大學副教授、中國作家協會理事。）

序

本書是我僑居日本以來，在海內、外報章雜誌所發表的一些短篇，由已出版的《扶桑小札》、《東華集》、《寒露之歌》中選出了一些，又增加些近年來所發表和未發表的一些短篇，輯成這本集子，命名爲《東瀛風光》。共分爲四個部分，第一輯是屬於文學或學術性的；第二輯是屬於日本大學的情形和旅日學人動態的；第三輯是屬於日本的文化、風俗習慣和名勝古蹟的；第四輯是思念慈母的篇章。這些作品，我知道都很浮淺，但是，在我迫忙的校務和研究生活中、在我瑣碎的家務時間中，偷閒或深夜寫出來的。也算是我遊東多年來，所留下的一丁點兒紀念和紀錄了。

人都說，「文章」是自家的好，我卻不敢有這種想法。而，這些散亂的寫作，比起「名家」、「大塊」來，或許還算不得是什麼「文」，也更談不到是什麼「章」了。

近年來，國內及海外許多關心我的朋友，尤其是故鄉老友們，不斷的來信，催促我把這部小冊早早出刊，我只好沒有任何修飾的把它們推出來和大家見面了。

現在，謹以此書作爲對各位友好的答禮，並且謝謝文史哲出版社惠予出版，謝謝彭正雄、姜龍昭二位先先惠予指正。更希望各位讀者多多賜教。

二〇〇二年新春張慧琴於日本大阪

東瀛風光 目錄

第二輯　炎黃子孫在海外

第三輯　日本的風俗習慣

第四輯 思 母

附 錄

著者永不逝去的母親

大阪城護城河前

廣島寬闊的和平大道

日本大雪

嵐山的紅葉

神戶六甲山

日本名漢學家故小川環樹先生（中）

第 45 回日本國際東方學者會議晚餐會之一

二〇〇〇年五月十九日來自中國大陸台北香港的年青學者們

大阪中華婦女會訪問名勝古蹟之遊

第一輯　日本文學的源流

唐代傳奇小說與日本文學

唐代實在是一個多采多姿的時代，僅僅就文學的領域來講，不但詩和散文都很有名。而且，「唐代傳奇」小說，更是非常傑出的文學創作。這種傳奇小說，在宋代時候，已經獲得很高的評價。宋代研究唐代小說的學者洪邁，在他的《容齋隨筆》中曾經評論說：

「唐人小說，不可不熟。言事悽婉欲絕，間有神遇，而不自知者，與詩律可稱一代之奇。」

這句話，不僅是「一言中的」的高論，而且，也可以說是極具有代表性的評說。洪氏所說的「奇」，當然是「神奇」、「珍奇」、「異奇」、「奇綺」的「奇」的意思；也就是令人驚奇的、珍美的、罕有的、極爲優異的意思了。在這裡，更進一步來說，這個「奇」，不只是唐代一代的「奇」，更可以說是中國文學史上，尤其是中國小說史上的一個「奇」。在唐代以前的中國小說，如六朝的志怪小說，甚或比此更早的志怪書，雖然有《山海經》，以及漢代的《淮南鴻訓》，晉代的《僞作列子》，干寶的《搜神記》，張華的《博物志》等等。可是，這些書所記載的故事，說它神奇，固然可以。但，這種神奇，並不是作者有意識的要寫小說，它們仍然沒有脫出神話和傳說的領域。

作者能運用自己的空想力，有意識的、積極的來創作小說，恐怕還是從唐代的「傳奇」開始的。明代胡應麟在他的《少室山房筆叢》中曾經說：

「變異之談，盛於六朝，然多是傳錄舛訛，未必盡幻設語。至唐人乃作意好奇，假小說以寄筆端。」

關於這句話，正像現代許多中國文學家和文學評論家們所說：「所謂作意和幻設，就是有意識的創作。」胡應麟氏的話，眞可以說，完全體會並指出唐代「傳奇」的價値來了。

這種有意識而創作的唐代「傳奇」，它所展開來的是綺麗的、美境般的世界，是小說創作的一個新的領域。它和唐詩一樣，是深値誇耀的。它的作者們，也正如唐詩一樣，由「文起八代之衰」的韓愈爲始，以及白行簡、元稹等等，也都是唐代一時之選的才子們。可是，這類的小說，爲什麼起了一個像夢境一般的美麗而浪漫的名字呢？這種的作品是在什麼樣的社會條件和原因之下產生的呢？這類小說到今天爲止，有些什麼作品流傳下來？它的內容是些什麼呢？還有，這類小說所給予後代的影響又怎樣樣樣呢？……這一連串極有趣味的問題，在這裡，我以極爲珍貴的篇幅，簡單的來做一點兒檢討吧。

「傳奇」的名稱之由來有幾種學說，譬如唐代傳奇作家裴鉶將此類小說專集的書名稱爲「傳奇」，後人也將此類小說總稱爲「傳奇」。或是，以「傳奇」來與韓愈、柳宗元們的高品格的散文做區別，似有降格的意思而命此名了。又有人說「傳奇」是傳述奇異的故事，所以命此名稱等等……眞是「衆說紛紜」。這些諸說的是或非，在這裡雖然沒有討論的餘暇，但是，如果由「傳奇」的內容來硏討，或許可以得到比較正確的結論。我們試想，凡是「傳奇」的內容，不都是些「奇異的故事」嗎？而且，那些「奇異的故事」，在當時的社會裡以及後世的社會裡，都曾廣泛的傳開來了。「顧名思義」，這些優雅、絕妙的名稱，不都因爲「奇異」而來的嗎?!

同時，我們稍稍談談「傳奇」的讀音，可以說是有兩種讀法。一種讀法是作「下平聲」，就是「ㄔㄨㄢˊ」；一種讀法是「去聲」，就是「ㄓㄨㄢˋ」。如果我們讀「下平聲」(Chuan)的話，實在是「雖不中也不遠」了。

另外，有關「傳奇」名稱的另一件事，也應該加以說明，這就是宋、金的諸宮調及元、明的戲曲也被稱爲「傳奇」，這個原因是諸宮調和戲曲的內容，很多是由唐代「傳奇」的材料編取的。還有清代對長篇戲曲也稱「傳奇」。所以我們看到「傳奇」的名稱時，必須辨明它們內容的正體。這是本文在「傳奇」的上面，所以加「唐」字的原因了。

唐代「傳奇」能夠照耀古今中外的原因，正是韓愈等所倡導的「古文運動」所獲得的豐碩果實。所謂「古文運動」是由駢文改爲散文文體的解放運動，是打倒唯美文學而以「文以載道」爲主的運動。這種文體，實在方便於發揮作者多方面的才華，因而「傳奇」文能夠盛極一時了。古文運動的推廣和傳奇小說的風行，更是有著相互密切關係的。而且，唐代科舉制度下，流行有「溫卷」的風氣；所謂「溫卷」，就是受驗者爲提高自己的文名，以求參加科舉時更易獲得成功的手段。宋趙彥衛《雲麓漫鈔》說：「唐之舉人，先藉當世顯人以姓名達諸主司，然後投獻所業，踰數日又投，謂之溫卷。如幽怪錄、傳奇等皆是，蓋此等文備衆體，可以見史才、詩筆、議論……。」由以上記載，我們可以知道，當時士子們投獻所業的時候，除詩文外，「傳奇」小說也包括在內的，所以更促成了唐「傳奇」的大量問世。同時，「傳奇」內容豐富、寫作技巧出色，造成了它驚人的藝術價值。還有，唐時藩鎮蠻橫跋扈，各自私蓄著劍士，人民痛苦呻吟在他們的武力壓迫下；以及佛教、道教盛行，婦女們解放運動，女皇帝出現等，各種各樣的社會背景，形形色色的趣味奇事，都是促成「傳奇」多樣化的重要因素，造成了唐「傳奇」不朽的成就。

這些「傳奇」的記載，以《太平廣記》爲主，還有《太平御覽》、《文苑英華》、《全唐書》等書籍和各個作家的專集，多數都流傳到今日。如果依照時代順序記述，初唐時期有王度的《古鏡記》、無名氏的《補江總白猿傳》、張文成的《遊仙窟》等等。中唐時期，「傳奇」作品數量是又增加了，有蔣防的《霍小玉傳》、白行簡的《李娃傳》、元稹的《鶯鶯傳》、沈既濟的《任氏傳》等等。晚唐時期「傳奇」作品數量更是不斷的增加，而且出現了大量的「傳奇」專集，有牛僧孺的《玄怪錄》（也有說屬於中唐時期的作品）、李復言的《續玄怪錄》、袁郊的《甘澤謠》、皇甫枚的《三水小牘》、裴鉶的《傳奇》、薛用弱的《集異記》、段成式的《酉陽雜俎》等等。

以上許多作品，由它們的內容，一般可以區分爲三種類型：

1.神怪類：《古鏡記》、《白猿傳》、《柳毅傳》、《枕中記》、《南柯太守傳》、《李章武傳》、《杜子春》等等。

2.戀愛類：《遊仙窟》、《離魂記》、《章台柳傳》、《李娃傳》、《鶯鶯傳》、《霍小玉傳》、《長恨歌傳》、《斐航》等等。

3.豪俠類：《李清傳》、《謝小娥傳》、《紅線傳》、《虬髯客傳》、《聶隱娘》、《明珠記》等等。

唐代的「傳奇」，實在給予後世文學非常廣大的影響。宋代樂史的《諸仙傳》、徐鉉的《稽神錄》，吳淑的《江淮異人錄》、秦醇的《驪山記》、洪邁的《異堅志》、張寶的《流紅記》等等……。都是唐「傳奇」的仿作品。金董解元的《西廂記諸宮調》是由唐元稹的《鶯鶯傳》取材而來，到了元宋，王實甫將《西廂記諸宮調》又加以潤色修飾，發展成為著名的《西廂記》了。元高文秀的《鄭元和風雪打瓦罐》、明薛近兗的《綉襦記》等，都是取材於唐白行簡的《李娃傳》。以及明代吳世美的《驚鴻記》、胡介祉的《廣陵仙傳》、梁辰魚的《紅線女》、瞿佑的《剪燈錄》、《剪燈新話》、李禎的《剪燈餘話》等等，又都是吸取了唐「傳奇」的寶藏而作成的。到了清代，洪昇的《長生殿》是由唐陳鴻的《長恨歌傳》而演變寫成的戲曲。另外，蒲松齡的《聊齋志異》、袁枚的《新齋諧》、紀昀的《閱微草堂筆記》等等，都跟唐「傳奇」有一脈相傳的關係。以上只不過是舉出了幾個例子而已。

唐「傳奇」對文學的影響，在日本更有著顯著的事實，嵯峨天皇以前傳入日本的《遊仙窟》（這一篇唐傳奇，中國已失傳，由日本又傳入了中國），京都醍醐寺、名古屋眞福寺，都藏有寫本。《萬葉集》的〈歌人山上億良〉的沉疴自哀文曾引用遊仙窟的「九泉下的人，一錢不值」的話語。又有大伴家持贈給坂上大孃的歌中，許多詞意與《遊仙窟》相雷同。源順的《倭名類聚鈔》也由《遊仙窟》集錄了許多語彙。另有《伽草子》是引用了白行簡《李傳》，以及沈旣濟的《枕中記》取材而成。就是江戶時代的《怪談全書》與唐傳奇又相類似。日本近代名作家芥川龍之介更由唐李復言的《杜子春》取材而寫作了不少篇名著。……

齋藤拙堂在他的《拙堂文話》裡說：「草紙物語的作品，多是以漢文而大行，其後則少有是本之作。《枕之草紙》的用詞，多根據李義山的雜纂沿寫而成。《伊勢物語》和唐章台《楊柳傳》故事演編相似。《源氏物語》的文體，又係仿南華的寓言而作，它所描寫的閨情是由《漢武內傳》、《飛燕外傳》以及唐陳鴻的《長恨歌傳》、蔣防的《霍小玉傳》等篇而得來的……」

又有安積澹泊在他的《湖亭涉筆》裡說：「余嘗聞酒類童子之事，係好事者竊用唐白猿傳而書成的。」這些都是大家知道而都應注目的重要文獻。

現在另有一點說明，唐代的小說，除了以上所述的「傳奇」外，還有「變文小說」，它是變佛經爲俗講、韻文兼散文的民間講唱文學，和「傳奇」同屬於優美的大衆小說。因爲字數限制，關於這方面的論述，暫時只好予以割愛了。

爲了便於研究唐「傳奇」同好者檢閱方便，有關中、日參考書目略加說明：中文的原典有前述的《太平廣記》和諸家的專集。還有《傳奇從書古成說海》、《唐人說薈》等。近代校錄的《唐宋傳奇集》、《唐人小說》又都是精選的選集了。日本的譯本有吉川幸次郎譯《唐宋傳奇集》（昭和十七年刊、昭和三十年重刊。筑摩書房的中國古小說集內收）。八木澤元譯《遊仙窟》（昭和四十二年刊、明治書院）。前野直彬譯《唐代傳奇集》（昭和三十八年、三十九年刊，平凡社）等等，都是現代翻譯的好書。此外，更有一本趣味很深的譯本，是川端唐成、今東光、鈴木彥次合譯的康代小說，共譯有二十五篇「傳奇」（昭和五年刊、隆堂書店）。可是，世人很少知道，現在已成坊間的絕版書。另有中、日研究入門的書目，如劉開榮的唐代小說研究、郭箴一的《中國小說史》、魯迅的《中國小說史略》、譚正壁的《中國小說發達史》、汪辟疆的《唐人小說》、胡懷深的《中國小說的起源及其演變《、鹽谷溫的《中國小說史》（日本）、《中國小說研究》（日本）、王夢鷗的《唐代傳奇小說》、孟瑤的《中國小說史》，以及許多中國文學史、中國文學概論等等，不勝枚舉。

（中外文學）

日本國際東方學者會議紀實

「國際東方學者會議」是日本東方學會的主要事業之一。東方學會是日本研究東方學（主要爲漢學）的學者們所組成的，創始於昭和二十二年（一九四七）。總會設在東京，京都設有支部。所以每屆的國際東方學者會議，除了在東京舉行外，並於京都舉行關西的部會。東京的規模比較大，京都的規模比較小，但內容的精采，卻是各有千秋的。國際東方學者會議的精神和宗旨，是提高東方學的研究基準，促進日本與世界各國學者間感情交流，發揮人類互愛精神。所謂東方學，包括了中國文學、東洋哲學、東洋史學、考古學、美術學、民族學等等。出席這個會議的人，是日本學者和世界各國旅日的學者們。總會最高責任者是故吉川幸次郎先生，京都部會負責主持者是故貝塚茂樹先生。

初夏的週末（五月二十七日），我們依照著「東方學會京都支部」的邀請函趕到京都，京都正下著濛濛細雨。日本全國聞名的「鴨川」，在雨霧裡更增加了她「山紫水明」的幾分姿態，潺潺流波，靜靜的、緩緩的不斷的流著，不論什麼時候看到她，她都會給人以清幽高雅之感。但是，我們這次卻無暇慢慢欣賞她的芳姿，叫了輛「的士」，匆匆趕到京都市內左京區栗田口鳥居町的「東山會館」。這所「東山會館」落成已經多年，而我們到這裡來還是第一次，它的建築相當雄偉，環境又清雅；可是，交通上較爲偏僻，所以不特意找，是看不到它的。這次「國際東方學者會議」京都部會的會場正是在這裡。我和炳南在簽到處，首先遇到了平岡武夫先生，這位「唐代文學」專家教授，近兩年來雖兼任了京都大學圖書館的館長，較前大忙，可是仍在潛心研究。他的《白氏文集》第三册已經出版，還有第四册，明年三月也將付梓。我們正簽著到，尙健在的吉川幸次郎先生到來了。吉川先生是日本漢學權威，完全是中國大儒之風，凡接觸到他的人，都如坐春風中，不自覺的受到他的薰陶。接著小川環樹先生等，日本很多權威學者都來了。故貝塚茂樹先生當時是主人，更是早早在座。這些日本的漢學大家，還有遠自廣島趕來的小尾郊一先生……。日本學者和亞洲各國的學者們，在面孔上是分不出國籍的。可是，歐美各國來的學者，碧眼黃髮，一目了然。我們進入會場，裡面已經是濟濟一堂。

這次京都部會共有兩篇論文發表，一篇是美國哥倫比亞大學教授 Burton Watson 的〈六朝詩中的擬人法〉，一篇是香港中文大學講師何明的〈關於晚淸文學〉。這兩篇只是題目，就非常誘人。東京議會中，也有很多論文是令人嚮往的。如：

The conception of "folk religion" in Jaan

…………Mr. Matthias Eder(Austria)

The shipbuilding industry in the Meiji Period

…………Mr. Tuvia Blumenthal(Israel)

China and internal law

…………Prof. Jerome Alan Cohen(U. S.)

The fate of a Chinese novelist: Lao She's suicide

…………Mr. Paul Bady(France)

我們很想前往一聽，但因不能分身，只好割愛不去了。

在這個「東山會館」的會場裡，大家自由選定了座位，分別和座位近側的人，彼此適度的做著寒暄，遠處認識的，只好舉手打個招呼。我們左側是平岡武夫先生，右側是剛由臺北來的美國學者 Nathan Sivin 先生，對面是小尾郊一先生和關西學院大學的村上嘉實先生。不多一會兒，開會了，司儀先報告東京會議的情形，又發表了文部大臣（教育部長）和外務大臣（外交部長）的賀電。接著是故貝塚茂樹先生簡單的開會辭。然後開始發表論文。先由何明先生講〈關於晚清文學〉，次由 Burton Watson 先生講〈六朝詩中的擬人法〉。這兩篇論文都像我們預料的那麼精彩，尤其何明先生是以中文發表，甚是敬佩。Burton Watson 先生是以日文發表，亦很得體。因爲這是一個研究東方學的會議，又是在日本舉行，自然是用中文或日文及其他東方語文最適宜了。如果是硬要用英、法等國文字或語言發表，似乎就有些捨本求末了。近年我見國人出席國際會議時，在應該使用中文的時候，而偏說些洋涇濱的洋文，這種「清末買辦」的殘餘思想，實在不敢恭維。

兩篇論文的內容，現在介紹如下：

一、關於晚清文學

何明先生一開始，就先提起了章炳麟《訄書》〈清儒〉篇中所說：「清世理學之言，竭而無餘華，多忌，故詩歌文史楛。」這句話給予了研究清代文學人們重大的影響，他認爲章氏此說是不對的。緊接著就展開了他的高論，他說清初諸大家如顧炎武、王夫之、吳偉業、錢謙益、魏禧、侯方域等等，都是明代的遺臣，所以都有明代遺風，是不可諱言的。但是到了晚清道光以後，就純然成了清代的文學。可是，清政府已經陷入動亂之中，傳統的文學也到了「變的前夕」。他更就「文」、「詩詞」、「小說戲曲」三方面，做了詳細的析論。

1.文：桐城派姚門諸子，梅曾亮最負盛名，然而也沒能振起頹風。到了曾國藩提倡「英雄之氣」和「陽剛之美」，才算挽救了桐城枯楛的毛病，而使古文一派得以復甦。他的門下薛、郭、張、吳諸人的影響及於清末。又龔自珍、魏源兩人，都是今文家，爲文融會經學，旁及佛典，喜以文議政，影響清季甚大。康有爲承龔魏之風，自成一家。王闓運取法漢魏，文最懿雅。到了嚴復、林紓則重翻譯西籍。後來梁啓超「新民體」的興起，形成了文體一大改變，其影響之大，無人能及。

2.詩詞：晚清詩詞成就，也有超越前人的地方。如龔自珍「感興無端，極富情韻」，顯宦中的名詩人誠恩澤、祁寯藻等多學杜、韓。何紹基、鄭珍、莫友芝等都來仿效。曾國藩出，而產生了所謂同光詩派。當時的著名詩人有王闓運、康有爲、黃遵憲、陳三立等，他們的成就都很可觀。詞人則有蔣春霖、莊棫譚、王鵬運、朱祖謀等，詩詞的特徵是多「感時之作和紀亂之章」。自古詩詞愁苦易工，清末詩詞之士，實正如此。

3.小說戲曲：如《官場現形記》、《二十年目睹之怪現狀》等，都是仿效《儒林外史》而不及。《孽梅花》稍佳些。清代特徵是翻譯小說。戲曲是皮黃的改良和話劇的介紹。

何氏的結論，認爲晚清文學的特色有三：*1.*重寫實，*2.*與政治關聯，*3.*受外國文學思想的影響。

二、六朝詩中的擬人法

Burton Watson 教授的這篇議論，相當新穎。他以流暢的日語，報告出六朝時期中國文學作品上對擬人法的史實。他認爲《詩經》中是沒有「擬人法」的。「擬人法」之在中國文學作品上被使用，是到漢代才開始的。但漢代詩中的用例，仍是很少。如：

漢、蘇武答李陵詩：

「憂心常慘戚

晨風爲我悲」

這個爲我悲的「晨風」，便是擬人之法。又如：

漢、蔡琰悲憤詩兩首，其一：

「馬爲立踟躕
車爲不轉轍」

這個「立踟躕」的「馬」、「不轉轍」的「車」，便也是擬人之法。擬人法，到了六朝時代，在詩中所顯現的就多了。例如：

魏·曹植重葛篇：

「良馬知我悲
延頸對我吟」

又曹植、三良：

「黃鳥爲悲鳴」

魏·王粲七哀詩兩首，其二：

「絲桐感人情
爲我發悲音」

晉·張協雜詩十首，其六：

「淒風爲我嘯」

晉·劉琨扶風歌：

「浮雲爲我結
歸鳥爲我旋」

晉・陶淵明挽歌辭三首，其三：
「馬爲仰天鳴
風爲自蕭條」
梁・王臺卿詠風：
「去來非有情」
陳・江總閨怨篇：
「屏風有意障明月
燈火無情照獨眠」
隋・侯夫人看梅兩首，其一：
「庭梅對我有憐意
先露枝頭一點春」
晉・張協雜詩十首，其八：
「流波戀舊浦
行雲思故山」
宋・謝靈運過始寧墅：
「白雲抱幽石
綠篠媚清漣」

梁·虞騫擬雨詩：

「落暉散長足
細雨織斜文」

陳·徐陵走筆戲書應令：

「今宵花燭淚」

齊·孔稚珪遊太平山：

「石險天貌飛
林交日容缺」

梁·裴子野上朝值雪：

「沐雪款千門
櫛風朝萬戶」

北周·王褒奉和趙王途中五韻：

「村桃拂紅粉
岸柳被青絲」

最後 Burton Watson 氏的結論是「擬人法」盛於唐、宋，這篇論文只是溯探其源而已。

兩篇論文發表完後，接著是大家質詢。當時吉川幸次郎先生雖是這個國際東方學會最高責任者，可是，並沒有高高的坐在前面，他仍然和大家擠坐在一起，發言極爲熱烈，這種謙虛的態度，更是我們所尊敬的。

我們覺得 Burton Watson 對「擬人法」這篇研究下的工夫相當大，後來一問，果然爲這篇研究，他已經花費了兩、三年的光陰。他並計畫要把唐詩中的「擬人法」做一個全盤性的檢討。這種治學精神，是深值欽佩的。

用過簡單的午餐後，便去參觀「有鄰館」。這也是這個會議中的活動節目之一。有鄰館，我們雖曾看過多次，但這個館是百看不厭的。不是不厭，而是不夠，所以雖在毛毛霏雨中，我們還是趕了去了。

有鄰館座落在京都市左京區岡崎圓勝寺町，就是在平安神宮前面，最大的「鳥居」前，過了小河，再向右轉不遠的地方。它的蒐集品是以東洋——主要是以中國的美術、工藝品、學藝資料等等爲中心。是由故第四代的「藤井善助」先生，把他四十多年間的精心蒐集，捐給財團法人「藤井齊成會」，由該財團管理經營。從大正十五年（一九二五）以來，才定期公開展覽的一個私家博物館。藤井善助是滋賀縣人，明治六年（一八七一）出生，京都第一商業學校畢業後，留學上海日清貿易研究所（後來的東亞同文書院大學），二十八歲回國，參與創立「大阪金巾製織株式會社」（現在的東洋紡織株式會社）、「江商株式會社」等。後來又做了「天滿織物株式會社」（現在的敷島紡織株式會社）、日本棉織品株式會社、日本共立生命保險株式會社等會社的社長，並兼任了「島津製作所」、「京都電燈株式會社」等三十幾個會社的重要職務。昭和十八年、七一歲病故。

由於他雄厚的經濟力和他的長壽，所以使他的收藏非常豐碩，這個「有鄰」的名稱，令我們想到《論語》中「德不孤、必有鄰」的名言。它的規模是：

第一館——是中西合璧式的建築。大正十四年（一九二四）六月開工，大正十五年十月完成。建築面積共有一千兩百十四平方公尺。

第二館——純洋式建築，建築面積約四百八十二平方公尺。全建築中，除了地樓是倉庫和電力室、屋頂是露臺和八角亭（亭頂是乾隆二年製的黃釉龍紋瓦），再除了內部的事務室外，全部都是陳列室。一樓、二樓以及三樓的陳列室，各都約為一八〇平方公尺。貴賓室、東室各約五九平方公尺。

我們順著秩序，先從第一陳列室（即一樓）看：為了記錄和介紹這些收藏的珍品，讓我只著重在名字和實物上，而省去我個人的觀感，這樣也許令這篇短文較有價值。

第一陳列室連東室在內，重要的有：

1. 佛像：

雲崗石窟第十九洞傍佛佛首（北魏）
古式三體石像（北魏）
黃玉三體佛（東魏）
三體釋迦立像（東魏）
大石佛（北齊）

鐵造觀音立像　（隋）

天龍山石窟第八洞仁王立像（隋）

響堂山石窟羅漢像　（唐）

五大山胡僧禮拜石像　（唐）

黃玉觀音立像　（唐）

釋迦加彩坐像　（敦煌）

2. 磚石畫像：

東天王、西天母畫像　（漢）

狩獵畫像　（漢）

雙馬畫像　（唐）

此外有瓦當、石經、經石等：

瓦當——長樂未央、羽陽殿、漢併天下（漢）

石經——熹平石經　（漢）

春秋石經　（魏）

經石——寶梁經石　（隋）

陀羅尼石幢　（金）

第二陳列室（二樓）主要的是中國銅器、玉漆器等：

1. 銅器：

犧首饕餮文斝（殷）
饕餮虺龍文觚（殷）
饕餮虺龍文卵形大瓿（殷）
銅魚盉（西周）
禽飾虎文扁鐘（西周）
夔形虺龍哭文克鼎（西周）
犧首饕餮巴狀卣、尊（西周）
饕餮文大鼎（西周）
犧首羽狀文匜（周中期）
有臺虺龍雲山文簋（周中期）
龍耳銅壺（春秋）
人物飾麟狀文銅匣（春秋）
鳳蓋蟠螭文匜（戰國）
有蓋象嵌文壺（戰國）
渦文飾怪獸（戰國）
龍虎沈文銅豆（戰國）

度量衡類——榷、容、尺（秦、漢）
鳳鈕蓋薰爐（漢）
燭臺（漢）
獸環銅洗（漢）
塗金鈁（漢）
重圈清白鏡（漢）
八稜雲龍鏡（唐）
海獸葡萄鏡（唐）

2.銅佛：
三尊佛立像（北魏）
金銅菩薩立像（北魏）
金銅佛（北齊）
金銅造像牌（隋）

3.玉器：
素璧、玉琮、玉環、佩玉、玉璋（周）
渦文玉玦（周）
虺龍穀粒文璧（漢）

綠色玻瑠環（漢）

4.漆器：

鳥獸流雲文漆奩（漢）

塗漆大肘付弩（漢）

二樓圖書室裡又有：

官私印六千餘顆（周——清）

法帖、印譜、拓本其他參考文獻（唐——清）

第三陳列室（三樓）主要是陳列的印璽、玉器和陶瓷器。主要有：

1.印璽：

郿將洰衡玉鉥（周）

萃車馬伯庚都銅鉥（周）

關中侯印、崇德侯印、和仁都尉印等（漢）

牙門將軍章、凌金將軍章等金印銅印（漢）

吳越王印、天下兵馬大元帥吳越國王之寶（宋）

康熙、乾隆帝玉璽、流金印、磁印等（清）

2.玉器：

乾隆玉器、白玉、水晶、翡翠香爐、翡翠蓮花鳥鈕水瓶等。

3. 陶瓷器：

綠釉窯望樓（漢）

綠釉窯狗、鶩、褐色窯梟（漢）

婦人立俑（隋）

三彩魌頭人面獸（唐）

三彩馬和胡人（唐）

基督像（宋）

萬曆赤繪薰爐、哥窯大盆（明）

貴賓室中陳列的是書蹟和繪畫。有：

1. 書類：

王羲之、袁正帖卷（晉）

春秋經傳集解卷第二卷（唐）

紙背雙林善慧大士小錄（唐）

林和靖書卷（唐）

敦煌文書（唐）

張即之書季伯嘉墓誌銘（宋）

蘇東坡書卷、黃山谷草書卷、舞鶴賦書卷等（宋）

宣宗帝勅書（明）

王陽明章、行書卷、董其昌月賦卷（明）

2.繪畫：

王維春溪捕魚圖卷（唐）

李思訓江山漁樂圖卷（唐）

季昭道金碧春山圖卷（唐）

石恪十六應身圖卷（五代）

許道寧秋山蕭寺圖卷（宋）

馬和之毛詩大雅蕩之什圖卷（宋）

梁楷寒山拾得、削竹圖幅（宋）

巨然煙浮遠岫圖幅（宋）

牧溪豐干禪師像幅（宋）

趙大年紫桑彩菊圖卷（宋）

馬遠觀梅圖幅（宋）

徽宗皇帝珍离圖卷（宋）

徐崇嗣雙兔圖卷（宋）

王庭筠幽竹枯槎圖卷（元）

倪雲林清逸圖幅　（元）
王蒙黃鶴山圖幅　（元）
沈石田蔬芥圖幅　（明）
仇十州十六羅漢圖幅　（明）
石濤紅橋春雨圖幅　（清）
郎世寧春郊閱駿圖卷　（清）

此外，還有清朝的堆朱大椅子、乾隆眞珠珊瑚飾錦袍玉帶，以及乾隆帝時鐘、座鐘、掛鐘等等。還有「蚊頭」小楷的「夾帶衣」，那小楷工整、細小的驚人，整齊潔淨的令人嘆爲觀止。

上面所記錄的這些藏品，有半數以上，都已被日本政府指定爲日本國的重要美術財和重要文化財了。這麼豐富的收藏，我們每來一次，都是感慨萬千，驚嘆不止，捨不得離去。

直到下午五點多鐘，我和炳南仍是成了這參觀群中最後的觀客，承蒙該館的藤井守一先生，給我們做著詳盡的說明，非常感激，只有在約期重來之後，才依依不捨的離開了這個「有鄰」之「館」。

（幼獅文藝）

第四十五回日本國際東方學者會議內容

本年（二〇〇〇）初夏的五月十九日，我們依照著日本國際東方學會的邀請函，清晨絕早，趕到東京都千代田區的日本教育會館，它的建築相當雄偉，環境頗清雅。當我們進入十二樓會場時，裡面已經是濟濟一堂，日本學者和亞洲各國學者們，在面孔上是分不出國籍的。可是，歐美各國來的學者們，碧眼黃髮，一目了然；不過，大家聚在一起，也是沒有國籍、省籍或種族的界限。

這次，東京會議發表的論文有：㈠南京政府和蔣介石；㈡敦煌的歷史、語言、美術研究；㈢戰前期臺北文化界的成熟；㈣東洋美術史；㈤日本神話諸問題；㈥日本中世社會比較史等等。令人記憶最深的是北京中國社會科學院近代史研究所楊天石先生和臺北中央研究院近代史研究所呂芳上先生，兩位學者論敘「南京政府和蔣介石」的內容，都很中肯客觀，十分深邃，認眞嚴肅中又謙沖和平。

整日正襟危坐，品味各論文發表之內容，竟也疲憊萬分。十八時三十分出席同會館十樓大廳間的晚餐會時，大家說古道今，觥籌交錯，親切友誼，融合在輕鬆愉快中。

五月二十七日關西部會，會場設在京都府宇治市黃檗山萬福寺內，主持會議的是清水茂先生。發表的論文：㈠ The Management of Chaos: Theory and practice of Iconoclasm in Japan，㈡何休の考之在歷史(Ho Hsiu's[129-182]Interpretation of History)(In Japanese)等等。東京、京都的日本國際東方學者會議發表論文時，隨意選用中、日、英語文，每人都有一份講義邊看邊聽。

由大阪府豐中市趕往京都府宇治市黃檗山的萬福寺，原以爲較往東京方便些。可是，先乘阪急線電車，再換乘京阪宇治線電車至黃檗山驛、卻也是遙遠的。再由黃檗山驛徒步約六、七分鐘，才到達了名聞遐邇的萬福寺。進入這座寺廟，恍如置身中國的古刹中，是中國人喜愛敬仰的暢遊之所。

萬福寺的開山祖，是我國明朝名僧隱元禪師。隱元禪師俗姓林名隆琦，一五九二年（明萬曆二十年）生於福州。一六五四年（清順治十一年）由日本長崎崇福寺邀請東來日本，他到達日本時，已是六十二歲了。當時奉德川幕府之命，在宇治市撥地四萬多坪，領米四百石，開建萬福寺。隱元禪師以中國寺廟爲模範，全寺構造完全是中國樣式，左右對稱，整齊壯偉，日本人稱爲「大陸風」。這座萬福寺只費了兩年時間，便全部完成。於一六六一年正式創立。

不久，一六六四年（寬文四年），隱元禪師退隱。繼由木庵禪師主持。木庵禪師俗姓吳，名性瑫，福建省泉州市人。一六五五年（清順治十二年）東渡日本，原主持滿福寺。他們兩位禪師都愛好書畫，書法和繪畫造詣都很高，留下許多墨寶，並且從中國帶來許多名作，又收集了不少日本人的作品。近年，萬福寺的書畫藏品景印成册，遊人可以自由購買。景印册的書畫，除了隱元和木庵兩位禪師的遺墨外，大都是歷代中、日高僧的作品。寺中所展出我國的名家作品，尤爲驚人。如王振鵬的《五百羅漢圖》長十三·三二公尺。又有丁雲鵬的《菩提樹葉羅漢圖》，陸治的《老松圖》，以及董其昌、張瑞圖、沈佺期的字幅，都是精品。寺內更有隱元禪師畫像乙件，是江戶時代畫家喜多元規所繪，極爲工細，顯出一位道貌岸然的長者，慈祥可親。萬福寺的中國氣氛濃厚，實是中、日文化交流的重鎮。我們人處宇治市黃檗山萬福寺，正如身在祖國，使人留戀忘返。

萬福寺住持多是中國名僧。可是，現在主持人是日本名僧，當天會後，他爲出席日本國際東方學者會議京都部會的學者們，詳細講敘建寺的經過以及隱元禪師的功績。並且說：「欣賞中國書畫最好的環境是和煎茶道配合，一九五七年文部省和讀賣新聞社支助成立的『全日本煎茶道聯盟』，正是萬福寺當時『煎茶道中心』——一般文人墨客聚會一起，吟詩、繪畫、作書、論道、鑑賞中國書畫，又用明、清時代精緻的器皿煎茶，這樣可以『陶冶世道人心』、『教化社會』……。」又是中、日文化交流的一段佳話。

（二〇〇〇年初夏日本大阪）

日本文學三才女

川端康成獲得諾貝爾文學獎後，一年多以來，曾發表了幾篇有關日本文學的文章。據我所知，其一是一九六八年十二月十二日在瑞典接受獎金、獎狀以後所發表的〈日本的美與我〉，見同年十二月十六日《朝日新聞》，以後又印成了專書，並附有Edward George Seidensticker的英文譯文。其次是一九六九年五月在夏威夷大學所發表的〈日本美的存在與發現〉，見同年五月二十日至二十四日《每日新聞》夕刊。最後便是同年九月十三日（日本時間十四日）在美國舊金山市所發表的〈日本的文學美〉，見同年九月十七日《每日新聞》夕刊。這三篇文章，我都深愛其清麗，並做較深的探討。綜合大要，它們的內容，大致是一脈相承的，都是以文學爲主，其他藝術爲輔，來強調日本的美。他一方面略述日本文學發展過程，同時更橫剖開來，對日本平安時代的文學作品與作家，做了精當的分析；對當時的幾位女作家，則推崇備至，甚且把日本文學的黃金時代——平安文學的鼎盛繁華，都歸功於幾位女文學家。此外，川端康成還非常忠實的指出，奈良以至平安時代文物的繁華，都是大量吸收了中國莊嚴、偉大的文化的結果；又經過日本民族「知性」細心的選擇，匯合了日本民族固有的特色，才形成燦爛的平安文化。

平安時代起自恆武天皇天應元年（七八一），止於文治天皇元年（一一八五），共約四百多年。這個時代，日本文物由茁壯而繁茂。由於執政者的求進步，修儒學、振佛教、派遣唐史，盡力吸取中國文化；更由於文學者的努力，於是創造了「假名文學」，寫下了日本有名的古典《日本書記》、《古今和歌集》、《源氏物語》、《竹取物語》、《土佐日記》、《枕草子》等等，確定了日本美的根基，影響了以後八百多年的日本文物傳統，支配了以後一直到現代的整個時代。尤其是《源氏物語》一書，川端康成更認爲是：「日本自古至今最高的小說，直到現在，日本還沒有任何小說能趕得上它。」川端康成說：「《源氏物語》以後，日本的小說，連續幾百年間，都是對這名作的憧憬，甚至是悉心的『仿作』。直到今天，日本的和歌、美術、工藝，以至造園等，都是仰仗了《源氏物語》繼續給予了既深且廣的美的食糧。」

《源氏物語》，大家都知道，這是平安時代的女作家紫式部的大作。川端康成除了稱讀《源氏物語》的作者紫式部外，對同一時代日記體的創作者和泉式部，以及她的《和泉式部日記》；隨筆的創作者清少納言，以及她的大作《枕草子》，亦都讚口不絕。這三位大名鼎鼎的女作家，也就是我現在想要談談的日本文學三才女了。

㈠紫式部和《源氏物語》

川端康成最推崇的《源氏物語》的作者紫式部，不但是日本小說的鼻祖，同時又是有名的詩歌家，《古今和歌集》中收有她的和歌甚多。可惜出生年代不詳，有人說她是天元元年（九七八）生的，有人又說她是天祿元年（九七〇）生的。不管是哪一年生的，總之，她從小就聰明過人，博聞強記，極有文才。二十二歲時與山城守籐原宣孝結婚，不久宣孝死了，她就轉仕於彰子皇后，生活在宮中了。她的著書除了《源氏物語》外，還有《紫式部日記》，和很多和歌。《源氏物語》古時稱之爲《光源氏物語》或《紫物語》。近世又有稱它爲《源語》、《紫文》、《紫史》等的。全書共有「五十四帖」，所謂「帖」，就是我國的「章」或「回」的意思。《源氏物語》是以光源氏爲主人翁而展開的長篇綺麗浪漫小說。光源氏的母親是書中虛構的天皇的妃子，在後宮中地位不高，皇后和其他妃子多是貴族出身，獨有光源氏的母親出自平民，但天皇偏偏喜愛這位平民出身的光源氏的母親，因而后妃等人都非常嫉妒她，她因爲不能忍受這種精神的迫害而早死了。遺留下光源氏，先由外祖母撫養，後來被接進宮中，又因命相注定不能做皇族，所以賜姓爲光源氏，脫離了皇籍，卻過著奢華的貴族生活。其人長得貌若潘安，才似相如，多愁善感，成爲宮內、宮外女性追求的對象；也是追求女性的好手。在政治方面，更是長袖善舞、位極人臣，只是私生活方面浪漫得不成體統，居然和他父皇的另一位年輕的愛妃，發生了曖昧，生了個兒子，名叫冷泉院，後來繼位做了天皇，這且放下不表。卻說本書內容，作者不但虛構了四朝帝王、七十年的光陰、三百多的人物，而且氣派宏大，文辭艷麗，情節優雅，對於自然和人生的觀點都非常正確。無怪乎日本文學界誇之爲最偉大的鉅著。我們如果做深一層的觀察，即以其開卷明宗第一「帖」來說，已經是哀艷動人、高雅絕俗。這第一「帖」的題名叫做「桐壺」。「桐壺」是光源氏的母親在宮中所住的宮殿的名字。光源氏出生不久，乃母便故去，光源氏寄養在外婆家中，天皇因爲日夜思念死去的愛妃，對這位不幸的愛兒也非常掛念，因而偷偷的派宮女到外婆家去看看這個伶仃的孩子。

他流著眼淚對宮女說：「人生若夢，時間久了，雖然暫時把這傷痛忘卻，但驚醒過來，卻更有令人忍受不了的苦痛。朕現在連想商量的人都沒有了，所以命你暗暗的去『更衣』（光源氏母親之妃位名，妃中地位最低者）的家中看看，我很想念小親王。小親王在外婆日日以淚洗面的生活中，一定很不能平安吧？……」

宮女到了「更衣」家中，見到了外婆，很感傷的把聖旨呈上，聖旨中大致這樣說：「雖然，朕以爲時間久了，就能把傷心減少，可是，沒想到這悲哀卻隨著時間更增深了……，幼小的親王過著怎樣的生活呢？……朕在宮中聽到令人流淚的秋風聲，不禁就想起幼小的親王來……」

光源氏的外祖母，奉讀聖旨後，對宮女說：

「妾悲哀到連眼睛都看不清楚了，可是，皇上的聖旨正像明亮的光輝……。妾是個喪夫、失女的不吉祥的人，小親王在這裡，妾不能好好照料，眞是萬分慚愧……。喪女的哀痛，已使我腸斷，我這凌亂的心情很想和你談談，希望你以後，不以欽命而以個人的身分，常常來這裡和我談談吧！……

《源氏物語》就是在這樣的哀愁中展開的，以後書中的主人翁，不但和女性間的愛情朝秦暮楚，而且舊雨新歡不可勝數；在政治和政爭上，也是高潮低潮，交替連連，但自己卻只做到最高的臣位。

現在研究《源氏物語》的日本學者，多是把它分成三個部分來探討，就是自第一帖〈桐壺〉至第三十三帖〈籐葉裡〉爲第一部，是以光源氏多樣性的愛和他榮華富貴到極點爲主題。自第三十四帖〈若菜上〉至第四十一帖〈幻〉爲第二部，是從朱雀院的女三宮下嫁光源氏開始，由於這一個轉變，使得光源氏在女三宮和紫上（光源氏愛姬）間，成爲不安定的存在，光源氏已經不再是愛的英雄，而是爲了保持自己的榮譽地位的市儈。女三宮雖然是光源氏的正室，卻與柏木陳倉暗渡，終於懷孕而生下了薰，這正和光源氏年輕時自己與父妃籐壺私通而生下了冷泉院（後繼皇位）成了對照的因果。從第四十二帖〈勾宮〉至第五十四帖〈夢浮橋〉爲第三部，是以薰爲主人翁而展開的艷史。薰一方面求道的心極盛，一方面卻對女性的追求陷於極端的愛的苦海中不能自拔，周旋於宇治八宮的姬君——大君、中君、浮舟三姐妹間，害得個浮舟投水未果，後來削髮做了尼姑。這三部中，每部有每部的主題，既不等質也不等量，但是詞藻的艷麗和用筆的深刻，都是始終一貫的，實在是一部難能可貴的鉅著。

其次我們再來談談和泉式部和她的作品。

和泉式部和她的「日記」

和泉式部是個生活非常放蕩而又浪漫不羈、紅顏薄命的女才子。

根據比較可靠的說法，和泉式部是出生在天元二年（九七九，平安中期）她的父親是越前守大江雅致，母親是越中守平保衡的女兒，父系和母系的家族都是名門世家。父親和母親又都曾侍奉過皇太后、冷泉皇后、昌子內親王。式部自幼便善文筆，少女時代所寫《寄性空上人》的和歌，已經聲名大噪。長大後，嫁給了和泉守橘道貞，因爲夫的官名，所以稱之爲和泉式部，兩人曾生了一個女孩，名叫小式部內侍。可是不久，和泉式部竟和冷泉第三皇子「彈正尹爲尊親王」私通相愛，而背叛了其夫橘道貞，於是夫婦間完全斷絕了關係。結果是自找苦吃，過不了多久，長保四年六月「彈正尹爲尊親王」感染惡疾以二十六歲之英年而病死。第二年，式部竟又和「彈正尹爲尊親王」的弟弟——冷泉第四皇子「大宰帥敦道親王」勾搭上了，兩個人形影不離，「大宰帥敦道親王」終至迎她到私邸「南院」，逼得正妃籐原濟時之女返回娘家。寬弘四年，「敦道親王」又只二十七歲而夭折。式部作了不少追念的和歌，又曾服喪一年。寬弘六年春天，式部也仕於一條天皇的彰子皇后，和紫式部均屬同僚。又過了不久，她仍不甘寂寞，又下嫁了比自己年長二十歲的丹後守籐原保昌。保昌歷任大和守、攝津守，長元九年，保昌七十九歲而歿；小式部在萬壽二年（一〇二五），因爲產後失調也先病死。這位美貌才女晚年的生活是相當悽慘的，一直到現在，她的艷聞仍播傳於人間。

和泉式部的作品除了《和泉式部日記》外，還有很多的和歌，後來被編爲《和泉式部集》。

和泉式部日記的主要內容，是記述她和「大宰帥敦道親王」的戀愛歷程，起自長保五年

（一〇〇三）四月十日，止於第二年的一月，共計十個月。她的執筆日期，根據後人的考訂，大約是寬弘四年，就是「大宰帥敦道親王」死後，她服喪的一年了。「彈正尹爲尊親王」和「大宰帥敦道親王」兄弟兩人不但多才，而且都是美男子，式部陶醉在愛河中，有時糊塗如死，有時又發出了凄冷的覺醒。現在舉出一則爲例，這是她在追念前歡剛死，而又將愛情移向後歡時的日記：

大意——在比美更幻虛的男女的愛情中，在嘆息和寂寞的日子裡，已經又到四月中旬了，樹木繁茂陰暗起來，土牆上的草木不知不覺裡已變成青青顏色，自己在癡望著……。

這時，竹籬外好像有誰在向這邊窺看。等他進來，原來卻是故人（彈正尹爲尊親王）的小太監……，於是她藉著橘花和杜鵑花的情節寫了首和歌傳給新的意中人——大宰帥敦道親王：帥親王竟是歡喜非常，馬上就回覆給她一首和歌說：

「同枝上的杜鵑，牠唱的歌兒是同樣的，難道你不知道嗎？……」

這樣，便和新歡定情了。她的創作，雖然是日記體裁，卻具有「和歌物語」的性質。在日本文學史上的評價是相當高的。

最後，我們談談清少納言和她的作品。

清少納言和《枕草子》

清少納言大約出生在村上天皇康保三年（九六六），歿年不詳。她的遠祖是天武天皇的後人清原眞人，所以叫做清，「少納言」三個字，是她在後宮致仕時的稱呼，本名不詳。她的曾祖是清原深養父，父親清原元輔，都是有名的和歌家。家學淵源，漢學與和歌的教養都很深高。天元末家〃下嫁橘則光，正曆四年，以其才學得仕於一條天皇定子皇后，和當時四納言——籐原齊信、籐原公任、源俊賢、籐原行成，以及朝中權貴都有交往；在後宮中，發揮了她卓越的才能。定子皇后逝世，她也由宮廷引退，又下嫁曾任過攝津守的籐原棟世爲後妻。晚景十分落魄，曾削髮爲尼。又有人說曾流浪各地，過著飄泊孤獨的生活。她的最大的著作是《枕草子》。

《枕草子》成立的緣由，據「跋」說，是在定子皇后的哥哥籐原伊周向皇后獻紙時，正好清少納言在皇后身邊，於是她將紙收下來借用，開始寫錄，所以叫做《枕草子》。這書中的記述，「枕」字的解釋是有兩種：一說是清少納言座右銘的筆記本的意思，一說則是「枕言」，就是「物附」俳句的草稿的意思。不管如何說法，這是一部定子皇后宮廷女官的紀錄是不會錯的。

《枕草子》所記述的事蹟，有的雖遠溯到入宮致仕以前，但是，大多數都是在宮中仕官時的事情。定子皇后晏駕，這紀錄也隨著終止了。到了長德元年（一說二年），由源經房從宮中攜了出來，又經人整理，才成爲現在的樣子。它的內容就性質上來歸納，可分爲三個部類：

(1)「物附」俳句類：其中分爲以記述山川草木等自然的景觀爲主題的，及以喜愛哀樂和可怕的人生事蹟爲主題的兩種。

(2)筆錄類：以敘事體，記錄了自己的所見所聞，如「初宮仕之段」、「翁丸之段」、「香爐峰之段」等。

(3)感想類：就是對自然和人生的感想集。也是最富現代化隨筆性質的部分。

現在且讓我們舉出第一類的一小段爲例：

春天裡，黎明最是美麗，漸漸變成白色的山脊，微透著明亮，彷彿紫色般的雲，一縷縷，非常有趣……。

夏天晚上最有趣，尤其是有月亮的夜晚更好。縱是沒有月亮，雖稍黑暗，可是卻有成群的螢火蟲飛來飛去，那蟲兒縱然不多，即或一隻、兩隻，不也是非常有趣嗎？……

秋天的黃昏非常美，夕陽映著山峰，秋陽和山巒都令人覺得近了；一隻、兩隻、三隻、四隻的烏鴉，忙著歸巢，更是有趣……。太陽下山後，聽！秋風和蟲聲，不用說，大家都會知道這是多有趣呀！……

冬天的早晨更有趣，降雪時節的美麗是不用說的；縱是降滿了白霜，也都有趣得很。即或是沒有雪也沒有霜，在北風怒號裡，看見人拿著燃燒了的木炭馳過走廊，更令人感到了舒服和美麗……。

《枕草子》文筆的典麗，在日本古典文學中，是堪與《源氏物語》媲美的。它是日本隨筆文學的鼻祖，後來的《徒然草》，就是繼承了這種傳統。在《徒然草》的序文中曾明白的說出來，它是繼承了《枕草子》的態度的。不過，《徒然草》的作者吉田兼好的立場是宗教的、「思索的」，而《枕草子》卻是唯美的、是感覺的、是印象的。所以《枕草子》之成為日本公認的古典文學寶典之一，絕非偶然。

以上所述三人的作品，都是支撐著日本古典文學的大台柱，這三位作者都是女性，無怪乎人們談論「平安文學」的時候，都說是女性文學了。

日本的文學，是以平安時代最盛，而平安文學又都歸宗在這三位才女的身上，要介紹日本文學，所以不得不先來談談這三位才女。其中紫式部已為聯合國教育科學文化機構(UNESCO)指定為「世界偉人」之一，見一九七〇年元月二十七日《每日新聞》。兩年前，武者小路實篤倡導建立紫式部銅像，經由已故名作家谷崎潤一郎夫人松子女史，以及橫山大觀夫人靜子女史等的奔走，終於以女性為中心而組成了「紫式部銅像建立委員會」，並邀請前日本商會會長足立正、京都市長富井清、京都大學教授曾獲諾貝爾物理獎的湯川秀樹、作家野上彌生子等為發起人，總預算約四千萬日元。銅像高三・二公尺、台石高一・八公尺，由日本名雕塑家越智綱雄主雕，建立在京都市北區市立船岡公園內，已於一九七〇年七月以前完成，好與前來日本參觀「萬國博」的世界人士們見面。這一代偉人的女性作家，以及她的大作《源氏物語》，今後將可更揚名世界了。

（中央日報副刊）

談日本芥川直木獎

一九六九年度上半期日本的芥川和直木兩文學獎已經在本月十九日發表了。芥川獎是授與庄司薰的〈赤頭巾，請注意！〉，以及還有田久保英夫的〈深深的河〉兩部小說兩個人；直木獎是授與佐籐愛子一個人的〈戰鬥完了已黃昏〉。這三個人都是並不出名的新人作家，正符合了設立芥川、直木兩獎，掖勵後進、發掘新人的本旨。

提到芥川獎和直木獎，也許還有不少對日本文學界不太清楚的朋友，不知道它的來龍去脈。尤其是對直木這個人和他的作品，恐怕更有不少的人，甚至連日本的青年朋友在內也搞不清楚。芥川的名字叫龍之介，這是大家都知道的，他是明治、大正、昭和間有名的作家，他的作品相當多，而且給與日本現代文學的影響是十分廣泛的。可是直木三十五這個名字，在今日的文學界卻並不怎麼膾炙人口；儘管直木文學獎響遍了日本全國，甚至是新進作家們朝盼夕思，冀圖登上文壇寶座的「龍門」。然而，你如果要到書店去找直木的大作，卻大半會碰個迎頭釘子，是無貨應市的。這也可算是一種不可思議的現象了。

芥川龍之介是明治二十五年（一八九二）三月一日出生在東京京橋區入船町，是幕末世家，家學淵源。江東小學時代已經文才早熟，曾以日本的俳句聞名。東京府立第三中學畢業後，免試進入了東京一高，後來考入東京大學英文系，和久米正雄、菊池寬等人交往很深。大正三年，山宮久、豐島與之雄、山本有三、土屋文明、久米正雄、菊池寬、松岡讓、成瀨正一等，第三次《新思潮》出刊時，芥川以「柳川隆之介」的筆名發表了他的處女作〈老年〉，接連又發表了劇本〈青年和死亡〉，以及小品文〈大川的水〉、〈心的花〉……，於是在文壇上露出了頭角。大正四年，完成了他的代表作《羅生門》，奠定了他在文壇上的基礎。後來由林原耕三介紹，進入了夏目漱石門下，自己深感知遇相得。大正五年二月，久米、菊池、松岡、成瀨等人又發刊第四次《新思潮》，芥川龍之介的〈鼻〉榮獲了「夏目漱石獎」；以後不斷的在《中央公論》、《新思潮》等刊物發表了〈手巾〉、〈孤獨地獄〉、〈煙草與惡魔〉……。當他在大阪每日新聞社工作時，曾到過中國大陸擔任特派員，回國後又發表了〈南京的基督〉、〈湖南的扇子〉……，後來專心寫作，以「澄江堂主人」自居。他的作品除了以上所述者外，還有〈地獄變〉、〈玄鶴山房〉、〈一個阿呆的一生〉等等。直到現在，芥川龍之介仍然擁有廣大的讀者群。昭和二年七月二十四日，芥川因爲神經失常，服藥自殺了。他生前文學界的好友菊池寬等人，爲了紀念他，特於昭和十年設立了芥川獎，並以此獎掖後進。

直木三十五本名植村宗一，明治二十四年（一八九一）二月十二日生於大阪市南區內安寺堂町，父親植村惣八是買賣估衣的小商人。直木在大阪市岡中學畢業後，考入了早稻田大學，因爲沒有錢繳納學費，只好中途輟學。同學中有木村毅、宮島新三郎、青野季吉、保高德藏、細田源吉等赫赫有名的人物。大正七年，協助古館清太郎、神田豐穗等創辦「春秋社」，出刊《主潮》。他的作品主要是寫大衆小說，尤其以改寫古典小說和通俗小說聞名，使日本的所謂「劍豪」小說因而獲得了新的生機。他的主要作品有《南國太平記》、《楠木正成》、《大阪落城》、《風流殺法凍》、《明暗三世相》、《仇討淨瑠璃坂》、《女心雙情記》、《青春行狀記》、《黃門迴國記》等等。昭和九年（一九三四）二月二十四日，因爲患結核性腦膜炎死在東大病院（當時名叫東京帝大病院）。大衆「劍豪」作家的猝死，又給與文學界人士無限悲痛。「文藝春秋社」多人，爲了悼念他，因和芥川獎同時，設立了直木獎，都以獎勵新進作家、發掘新人爲目的。兩獎都是從昭和十年開始，由「文藝春秋社」創立的，後來又改由財團法人日本文學振興會主辦，每年分爲上、下兩期。獎品是每人獎給鐘錶一只，獎金十萬元日幣。今年的獎金，因爲日本物價變動很大，已經提高爲二十萬日幣了。凡是獲獎作品，《文藝春秋》雜誌上將重新刊登一遍，以饗讀者。

現在兩獎都已經是第六十一回了，兩獎中選的作家中，有很多是支撐日本現代文壇的名人。譬如獲得芥川獎的有石川達三、石川淳、火野韋平、井上靖、遠籐周作、石原愼太郎、石川利光、五味康祐、松本清張、丸三健二、三蒲哲郎等；獲得直木獎的有川口松太郎、海音寺潮五郎、井伏鱒二、今日出海、源氏雞太、柴田錬三郎、今東光、司馬遼太郎、水上勉等。這些人都是大名高揚，響徹日本全國的。

本年這一次（第六十一回）榮獲芥川獎的庄司薫，本名叫做福田章二，東京人，東大法學院畢業。田久保英夫也是東京出生的，慶應大學文學院畢業。直木獎的佐籐愛子是大阪市生人，兵庫縣甲南高女畢業，父親是作家，哥哥是詩人。三部得獎作品中，比較起來，我還是喜愛佐籐愛子的〈戰鬥完了已黃昏〉。（並不是說其他的中選作品不好）這部作品，作者以第一人稱的筆法描寫書中的主人翁秋子在她的丈夫瀨木作三事業失敗後，她和她的丈夫所遭受到的人情冷暖、現實刻薄等的辛酸和血淚。秋子是家庭主婦，又是作家，無論如何，也難以擔負起她丈夫公司倒閉所虧空下來的兩億數千萬日元的鉅款，這使她的家庭形將遭受到悲痛的破滅。人生就是戰場，生活就是戰鬥，他們在生活的戰鬥中，已經面臨到最大的考驗。秋子在四月裡的一個黃昏，工作完畢後，帶著她的女兒桃子，站立在那車水馬龍、霓紅燈耀眼的人行天橋上，而不能不對著人生的前途，發出了悵惘和空虛的傷感。在激盪的故事中，作者的運詞仍是那麼輕描淡寫的，正像是一幅淡墨的山水畫，表現出日本民族的特色。

直木獎的獲獎人，在六十一回中，有兩次是由華僑作家得到。其一便是去年陳舜臣的〈青玉獅子香爐〉，作者只爲了文章詭奇動人，生生的侮污了故宮博物院。姑捨其文章的技巧，若是從作家的文格和道德方面來衡量，確實是使人不敢恭維的。一個作家無論已經成名，或還沒有成名，不但不可以亂誣好人，而且更應該時時想著民族至上、國家至上。在民主的現在，壞的固然是不可禁人不說。但是，莫須有的骯髒，又何必非要向自己的屋頂上扣下來不可?!因而使我想到國人在翻譯外國作品時，也應該有所選擇，不應「有奶的便是娘」才好。

芥川、直木兩文學獎，自從設立以來，在日本文學界，實在是發生了不少發掘新人、積陳布新的力量！現在活躍在日本文壇上的許多作家，很多是由這兩獎培植出來，而成了日本的國寶。可見有先見、先識的人士們，一舉一動、一言一行，對於斯界的進步和發展是有著莫大的力量。這又何止限於文學界是如此呢?!

（中央日報副刊）

再談日本芥川直木獎

芥川、直木兩獎的考選，在日本的文藝界是一件大事。這由考選委員會的愼重認眞、日本全國讀者的等候揭曉、獲獎人一登龍門身價百倍，甚至連出版商人都在爭著排印獲選的新書等情形來看，也都可以知道這兩獎在日本文藝界是如何重要了。

芥川、直木兩獎，每年舉辦兩次。一月至六月的作品，是在七、八月間公布；七月至十二月的作品，是在來年一、二月間公布。每半年將各報章雜誌發表的新作，尤其是著重在新人的發掘，每獎每屆各選一名。數十年來，除在戰時稍停外，已經培植出不少的日本文壇健將，支撐著今日日本文壇的興旺不衰。但是，今春及今秋兩獎的選定，卻是頗具特色，非常有趣。

今年春天發表了第六十二屆獎，秋天發表了第六十三屆獎。這些逐年排下來的屆次，除了提示給人們它的歷史年輪外，當然是沒有談它的必要的。問題是，一月十九日考選委員會在東京築地的「新喜樂」發表考選結果的時候，卻只有芥川獎選中了一個清岡卓行，他的得獎作品是〈洋槐的大連〉。直木獎竟是空付闕如，沒有一個人合格。這不但害得清岡卓行在二月九日於東京新橋第一大旅社領獎招待記者時，形影孤單，只有帶著自己的小兒子智比古君做陪伴（實祭是因爲清岡卓行喪妻，小兒子沒人照料），開創了帶兒子領獎招待記者的先例。更害得個小有名氣、大家多所公認，而且自己更是志在必得本屆直木獎的籐本義一，因爲落了選，連在他所主持的一個電視節目演出時，也不得不戴上墨鏡，清瘦頹乏而失去了往日的光采。但是，七月十八日，是第六十三屆芥川、直木獎的發表日，考選委員會依然照往例，在東京築地的「新喜樂」召開最後的決定會議，人人睁大著眼睛，等候發表的時候，竟一反清冷，大大的熱鬧起來了。芥川獎是古山高麗雄以他的〈第八號收容所的黎明〉，吉田知子以她的〈無明長夜〉雙雙奪魁。直木獎是結城昌治以他的〈軍旗飄揚之下〉，渡邊淳一以他的〈光與影〉對對入圍。這又是從兩獎設立以來，自昭和二十九年後期（第三十二屆）小島信夫、庄野潤三得芥川獎，梅崎春生、戸川幸夫得直木獎以後，十七年以來，創下第二次的多數人得獎的紀錄。由這可以看得出，這個半年來，日本新人寫作家界的努力，同時也可以看得出考選委員會的認眞不苟，絕不濫竽充數，更未顧及到某人的虛名，或者是麼樣的出身等。

如果從作品的實質上來看，第六十二屆的一枝獨秀、第六十三屆的大量中選，確是都有它的道理的。先說清岡卓行的《洋槐的大連》，這是一部以戰時爲背景，而描寫往返於大連和日本間，青年人的友情和愛情的故事。其文筆結構都可屬上乘，只是運詞方面，卻有不少地方是我國人所深不喜愛，甚或會引起些痛楚的記憶。至於籐本義一的作品，在文筆和立意方面，卻都弱了。

其次再看第六十三屆當選的四篇作品：芥川獎古山高麗雄的〈第八號收容所的黎明〉，是以日本戰敗後的越南收容所爲舞臺，描寫被收容的日本軍人情形的異色戰爭文學。對於戰敗後的日本軍人的絕望生活和忍耐力，描寫得相當深刻。吉田知子的〈無明長夜〉是描寫文中主人翁，因戰害喪父後，母女生活的艱苦，以及婚後不幸、丈夫失蹤，只剩下一個人來經營習字班的孤獨和心情沉悶的作品。筆緻細膩，不入俗流，獨創風格，正如作者自己所說，她在文學上是無有師承的。直木獎結城昌治的〈軍期飄揚之下〉是描述在我國及南洋等地的戰場上，日本軍黑暗面的。這篇作品得以全票入選，實在難能可貴。原作發表於《中央公論》，自昭和四十四年（一九六九）十一月至今年四月，分六次連載完了。考選委員石坂洋次對結城昌治的這篇作品，曾下結論說：「〈軍期飄揚之下〉固然同樣是描寫戰爭的作品，可是，它絕不是從國家的立場上來寫，而是從人間性爲出發點來寫的……」石坂對這點非常感動。然而，以我們受害者的中國人來看，卻仍是讀來在感情上深深覺得不快。渡邊淳一的〈光與影〉（國內有喬遷譯文，題名改作〈天命〉），是描寫日本明治時代西南戰爭時，同是兩個手臂負傷的青年軍官，他倆的遭遇竟是天壤懸殊，後來一個做了元帥、首相；一個命運多舛，以不遇之身，孤死在神經病院裡。情節逼眞，寫來生生動人。

除了以上四篇得獎作品外，還有一篇落了選，是非常可惜的，那就是古井由吉的〈男性們的圓居〉，是描寫風雨中，被困在山中陋屋裡的男性們的孤寂和飢餓感的故事。如果讓我來看，這篇作品在文學上的成就是不亞於吉田知子的〈無明長夜〉的，在情調和筆法上，兩篇作品，也都有些相似。所以許多落選作品，同樣是值得一讀的。

如果把第六十二屆和六十三屆的候選作品，做一比較，尤其是在量的方面，那是不可同日而語的。六十三屆佳篇之多，也頗值一提。除了得獎四作及上述古井由吉的〈男性們的圓居〉外，還有(1)李恢成的〈沒有證人的光景〉（《文學界》五月號發表）。(2)高橋高子的〈被俘〉（《群像》四月號發表）。(3)金井美惠的〈夢的時間〉（《新潮》二月號發表）。(4)黑井千次的〈紅色樹木〉（《文學界》四月號發表）。(5)奧野忠昭的〈空騷〉（《新文學》三月號發表）（以上芥川獎候選者）。(6)林梧的〈南北朝的疑惑〉（創思社刊單行本）。(7)白石一郎的〈孤島騎士〉（《南方文學》第一集發表）。(8)加籐薰的〈遭難〉（《全讀物》一月號發表）。(9)黑部亨的〈十六夜〉（《全關西》一月號發表）。福岡徹的〈軍神〉（《文藝春秋》刊）。（以上直木獎候選者）這些落選作品，大多數也都文筆熟練、思考精深、故事動人。如加籐薰的〈遭難〉，是描寫登山家在冰天雪地中、向雪山挑戰的情形，以及描寫心理的變化和生存者爲遭難的同伴而引起的苦痛，也是別具一格等等。可令人看出寫作者對寫作本文所下的工夫，絕不是興來情至，揮筆而就的。

再從各個得獎作家的出身和寫作經歷來觀察，又可以看出考選委員會的選考，是完全以作品的密封卷子，不管你來自東西南北、姓啥名誰，完全是眞本事入選的。

清岡卓行是以詩和論說早聞於世，出版的詩集有《冰焰》、《日常》、《清岡卓詩集》，評論集有《手的幻變》，譯書有《藍波詩集》（ARTHUR RIMBAUD 1854-1891，法國象徵派詩人）等。他在東京大學文學院是學法文的，曾經製作過新聞影片，編排過職業棒球賽的節目；現在是法政大學的教授，年四十七歲，大連出生。寫小說，入選作品才是第二篇。第一篇是去年（一九六九）五月在《群像》發表的〈早晨的悲哀〉。

古山高麗雄，只是在日本的舊制高等學校讀了一半而退學的。曾被征往菲律賓、泰國、越南各戰場，做過軍閥的幫兇，最後在寮國的戰犯收容所中過了幾年，被遣送回日本後，曾在河出書房、藝術生活社等處做過小職員，現職是《季刊藝術》的編輯長。作品有〈墓地〉、〈白色的田圃〉。出生在朝鮮，現年四十九歲。

吉田知子今年三十六歲，本名吉良知子，出生在日本的浜松市，是名古屋市立女子短期大學（兩年制，相當於我國的專科）經濟科畢業。曾在浜松市高等學校中做過教員，現在是家庭主婦。她的作品當選後，新聞記者到她家訪問，要她談談今後抱負的時候，把她嚇了一跳。她說：「眞把我嚇壞了，我這麼無名無臭的怎麼能得獎……我只是讀讀植谷雄高氏的小說的程度而已，在文學上，我沒有任何師承，突然間，更談不出什麼抱負來了……」

結城昌治是早稻田專門學校畢業，昭和三十三年至昭和三十五年間，曾在東京地方檢查廳做過事務員。昭和三十四年發表過〈寒中水泳〉一文後，才開始寫作，是向推理小說的方向發展。作品有《有鬍子的男人們》、《夜終之時》、《白晝堂堂》等。東京出身，本名田村幸雄，現年四十三歲。

渡邊淳一是學醫的，札幌醫科大學畢業，曾做過同大學的整形外科講師。作品有《死化粧》、《小說心臟移植》、《北方領海》等。以往都是寫醫事方面的小說為主，這次入選作品的風格，還是他作品的創舉。札幌市出生，現年三十六歲。

記得前些時候，我國內曾為了大學國文系要不要設文藝創作組而大開論戰。有的大作中，把我國近年來沒有好的作品、沒有偉大的作家的罪過，似乎完全歸之於國文系中沒有文藝創作組，這責任可就太大了。甚至有人要把國文系分開，分出哲學系和創作系，以為這樣就可以有好的作品，產生偉大的作家了。其實，如果翻開世界各國的文學史來看看，偉大作家的出身，恐怕佔各該國國文系出身的比率並不太多。國文系是繼承整理、開展其一國文學之研究的，是學術性的，不是創造性的。要談創作，是應該沒有領域的。因為沒有領域，它才能夠包羅萬有，才有夠飛達騁馳、不受拘束，也沒有拘束。外國是這樣，我國也是這樣。試看我們五四運動後，也可以說遠溯自我國設立近代化的大學制度以來，有幾個大作家是大學國文系畢業的？大學國文系中設不設創作組，不是問題的癥結。這問題的基本是在於整個的教育水準（雖然世界各國在古代，國民大半不識字，也都有偉大的作家產生，但是天才顯露的機會總是少了）、時代背景，和社會環境……，如果以上的條件都非常良好，自然而然，能夠產生出好的作品和偉大的作家。同時，如果再有一個健全的培養文學的組織，能夠時時不斷的做著獎掖催生作用，久久不斷的努力，也自然會培養出好的作品、培養出偉大的作家來了。在這裡我所說「健全」兩個字的意義，不只是形體上的，而且在精神上更要大公無私；

主其事者，必須要深切了解自己對文藝界所負的歷史使命的重大，這重大的歷史性的使命是義務的，不是權利的；是公正的，不是褊狹的……。

日本的芥川、直木獎，在日本文藝界來說是一件大事，可是在整個世界的文壇上看來，這只是一國一地的行事，是大潮流中的一股小的水流罷了。然而，這股小的水流，乃是匯合成大的潮流的一部分，不獨不容忽視，而且它如有好的地方，也是應做大家借鏡的！

（幼獅文藝）

日本文豪志賀直哉

川端康成自殺後，日本文壇痛惜川端，更加痛惜志賀直哉，大家認爲他們兩人去了，日本文學界空虛了……。因而重又燃起我要向愛好文學的朋友們介紹志賀直哉的動機。

在現代日本文學史上，充分發揮了獨特的作風，而被稱之爲日本近代文學的最高峰的「小說之神」的寫實派，第一身敘述式小說頂點的作家志賀直哉，是於一九七一年十月二十一日，因肺炎衰弱在東京都世田谷區的關東中央病院裡逝去了，享年八十八歲。

志賀的作品，不但具有豐富的創造力和想像力，而且更以他獨到的筆法，用自傳式的所謂「私小說」的體裁，把日本明治、大正、昭和各時代的現實，深刻的做了忠實的寫照和批判。他的這個「小說之神」的雅號，並不是憑空得來的，他有他的高雅，也有他的平實，更有他的熱情犀利和龐博偉大之處。

志賀直哉的一生，相當坎坷，這位武士世家出身的文豪，是一八八三年（明治十六年）二月二十日出生在宮城縣石卷町（現在改爲石卷市了）。從他的九代先祖「三左衛門直之」到他的祖父「直道」，都一直是做奧州相馬藩主家的官；到了明治時代，他的祖父依然還是相馬家的家令，並且爲相馬家的復興，付出了最大的努力。可是，直哉的父親「直溫」，在明治時代卻轉業做了實業家。他頑固而剛烈的祖母，對於自己兒子不做武士很是生氣，所以決心親自來扶養這個孫兒。直哉的母親叫「銀」，是伊勢龜山藩士「佐佐源吉」的四女。直哉的父系和母系，都是武家血系，所以更養成了他那種剛強的個性。這種個性，或許就是直哉跟他父親不合的一個潛在的原因。

明治二十八年夏天，直哉在學習院中等科的時候，他的母親死去了。那年秋天，他的父親又迎娶了後母「浩」，這位後母是山形縣「高橋元次」的長女，後來生了一個異母弟弟和五個妹妹。明治三十年，他的父親在實業界已經相當成功，便買下了東京麻布三河台町的「一柳出羽守」的宅邸，從明治三十年到明治三十五年，直哉都是生活在東京這個家中，中學時代的直哉很喜歡運動，而且很想投考海軍。就在這個時候，他認識了內村鑑三，做了鑑三的弟子，同時接受了基督教的教誨。直哉在中等科最後一個學年時，因爲他再度被留級，而認識了他的新同級生武者小路實篤、木下利玄、正親町公和，後來四個人同時進入學習院的高等科，竟使他踏上了文學之路。明治三十七年，他寫成了〈萊花與女孩〉。這個時期，直哉雖然很是努力寫作，可是並不成熟。明治三十九年，考入東京大學英文系，兩年後由英文系轉入國文（日文）系，這時，他的作品產量增加了，有〈到網走去〉、〈和解〉等短篇小說，同時，他和武者小路實篤、木下利玄、正親町公和等合辦了一個小型的同人回覽雜誌《望野》，因爲失去研究學問的興趣，決心退了學，要做作家了。

明治四十三年四月，又和武者小路實篤、木下利玄、正親町公和、里見諄、岡池公致、郡虎彥、有島生馬、日下諗、見島喜久雄等，共同創辦了《白樺》雜誌，奠定了他終身寫作的基礎。

這時，直哉和他家的下女結婚，遭受全家反對，因而和他的父親公然不合而反目了。

志賀直哉的作品很多，現在簡單的分爲：

初期作品：〈剃刀〉、〈他與大六歲的女人〉、〈老人〉、〈襖〉、〈爲了祖母〉、〈母親的死和新的母親〉、〈大津順吉〉、〈正義派〉、〈鵠沼行〉、〈清兵衛與瓢簞〉等等。

中期作品：描寫他與父親不合爲主題的〈時任謙作〉，另外有〈范的犯罪〉、〈留女〉、〈發生的事〉、〈佐佐木的場合〉、〈在城崎〉、〈好人夫婦〉……而且於大正十一年，出刊了長篇〈暗行夜路〉的前編。這時期的志賀直哉，可說是春秋鼎盛時期。

晚年作品：〈座右寶〉、〈萬曆赤繪〉、〈星期日〉、〈颱風〉、〈菰野〉……。昭和十二年完成了〈暗行夜路〉的後編，接著發表了〈早春之旅〉、〈寂寞的生涯〉、〈灰色的日子〉、〈接觸到的友情〉、〈秋風〉、〈奇人脫哉〉等，直哉這時期的寫作確實是爐火純青，深刻感人。他的代表作〈暗行夜路〉，在今日的青年層中，依然是擁有廣大的讀者群衆。

這位文豪，昭和十六年，膺選爲日本藝術院會員；昭和二十二年（一九四七）至昭和二十三年，當選爲日本筆會會長；昭和二十四年受文化勳章，得日本最高榮譽，而且岩波書局出版了《志賀直哉全集》，共十七卷。

在近代日本文學史上，在文學領域裡，志賀直哉不僅是響遍全日本，而且深受外國讀者愛好。他的作品是豐盛的、深沉的、歷久而不衰的。他的筆調是那麼眞摯、那麼自然，充滿了愛心而富有生命力。無怪日本大學國文系，多要研究「志賀文學」了。

志賀直哉，實在是一位了不起的文豪。日本文學評論家平野謙次把他的作品喻作是：「自然和人生的美的結合，是日本『悟達』文學的頂峰，是應該特予尊重的。」另一位文評家山本健吾說：「在日本文學史上，志賀的文體乃是最高的創作，日本近代文學得以完成了這種文體，是值得驕傲的。」山本健吾又說：「志賀直哉的文學是不會再度出現了，直到現在，模仿志賀氏的筆法，已經寥寥無幾。」

中村光夫在他著的《志賀直哉論》中說：「在大正時期的作家中，能夠像志賀直哉一般給予現代日本文學以深刻影響的，將再也找不出第二人。即或是森鷗外、夏目漱石，在這一點上，是趕不上直哉的。武田太郎曾說：『志賀直哉是日本文學的老家』這雖是戰前的話，可是卻並不是絕響，小林秀雄的《作家論》中，對志賀熱烈的讚詞，更是久爲大家所周知的。就是川端康成對直哉的文學，也是一直深致敬意的……。『暗行夜路』到現在還是廣泛的爲讀者所喜愛的長篇小說，這也可以說是大正期的小說中的一個例外。它不但在『一般性』上可以和漱石的作品相匹敵，而且更重要的，是對於想打破文學現狀而具有新的野心的作家來說，依然是一個理想的小說典型……」。

其他對志賀作品讚譽的人很多，二次世界大戰前有廣澤和郎、佐藤春天、菊池寬、芥川龍之介、井上良雄等，他們對直哉都倍極崇敬。戰後有伊藤整、藤枝靜男、松原新等，對直哉的作品，更做了激烈的讚賞。日本文壇雖然也有少數人反對過志賀直哉，如織田作之助、太宰治等，這只是像螳臂擋車，不獨無損於志賀文學，且更令人覺得志賀文學的偉大性。

志賀直哉是一個非常倔強、反抗現實而富有愛心的人。一直到他病亡的前夕，在醫院裡的病榻上，還對去看他的朋友說：「只要單單想到在築地本願寺大大的舉行葬式的吵吵鬧鬧的樣子，就已經覺得討厭不堪了。如果我死了，請把我的骨灰放在石油爐子上，讓來弔問的人，隨便行個禮就好了……」。

這好像是他對自己身後的遺言。所以在他死後，他的家人和親友們都遵從著、簡單嚴肅、沒有鋪張的舉行了葬禮。

這位近代日本主流作家、「白樺」派主將、「小說之神」的文豪已是凋謝了，這不獨是日本文壇最大的損失，也是世界文壇的大損失。志賀直哉雖是去了，卻留下不少的作品，正好讓人們慢慢的來憑弔、來鑑賞。他至善至美、純眞之情，將永使人們反覆低徊。

（中國時報）

川端康成的心靈美

川康成獲得諾貝爾文學獎的一九六八年十月，我曾寫過一篇〈川端康成及其作品〉的短文（見《中央日報》副刊），文中我曾下過這樣的結論：

「他獲獎的作品，大都是不太精采的故事。但都很細緻、纖細的做了心靈的描寫。他的作品像是日本的庭園，是那麼小巧幽雅、精緻可愛，又像是日本料理，是那麼輕淡美麗、值得令人讚賞……」

直到今天，我對川端康成的作品，仍然是持有這樣的觀感。他的作品中，常常是寫些反倫常的故事。可是，川端康成聖潔的心靈，卻洋溢著東方的「禪」的精神，是雋永不染，是高雅清虛的。

三島由紀夫曾經說：

「如果以極端世俗的意味，來說川端是熱情的話，也可以說他是個熱情、俠義出色的人。他有時給窮途者以物資的援助，有時給求職者安排職業。有時，又對恩人遺族的事，予以照料。他這種美德，在他生平裡是堆積如山的……」

三島所說川端對親友們親切關懷的心靈美，還沒有完全將川端的智慧光芒發揮出來，也沒有完全說明川端的心靈美的眞諦和偉大。我現在要說川端的心靈是聖潔的、是愛國的、是愛世人的、是愛自由的。他的心靈，像日月的光輝，將是永恆的。

他的好友横光利一死去的時候，他曾傷心的說：

「横光君，我要以日本的山河爲魂，在你死後活下去……」

川端悲痛的心語，我們可以看出了他當時心靈深處，不但激盪著愛國的熱情，同時隱隱的堅定了他要在文學的領域裡，發揚他愛國的力量。

獲得了諾貝爾文學獎後的川端康成，正好有機會擴大接觸世人，更跟世人融爲一體。一九六八年十二月十二日，他在瑞京接受獎金、獎狀時，他向世人發表了〈日本的美與我〉（喬炳南譯本，商務印書館出版）。一九六九年五月，川端在夏威夷大學講學時，又發表了〈日本美的存在與發現〉。同年九月十三日，川端又在美國舊金山市發表了〈日本的文學美〉。這些文章，不但說出了川端心靈美的根源，而且每篇文章的內容更是豐富燦爛。詳察它們的內容，都是以日本文學爲主，其他藝術爲輔，而來強調了日本的美。他不但將日本文學發展的過程横剖開來，而且對日本文學做了精當的分析。更推崇日本作家，盛讚日本山河，處處表現了他虔誠的愛國心。也正是他痛悼好友横光利一時的「要以日本的山河爲魂」的偉大風範了。現在東京車站附近、仙臺熱鬧街道中心等等，有很多地方，都豎立著高大怡人的塔牌，上面嵌著各式各樣、多采多姿的大字——美麗的日本。這深遠無比的力量，使經濟急速成長、各行各業競爭激烈而日益崩潰了的世道人心，將因川端康成的呼籲而復興吧！他的愛國心，在日本永遠閃爍著光輝。

一九三一年，日本軍閥侵佔我國東北，建立僞滿。一九三七年七月七日，日本軍閥又發動了舉世震驚，觸目動魄的蘆溝橋事變，緊接著他們的鐵蹄，蹂躪了大半個中國，慘絕人寰的南京大屠殺，以及八年抗戰，我國喪失了千千萬萬同胞的生命。當時無法逃到大後方的同胞們，除了非常極少數甘心附逆、喪心病狂的漢奸之外，大家天天忍受著迫害和恐怖，在飢餓死亡的邊緣上痛苦掙扎著，更不是後方的同胞們所能了解到。許多親友被日本憲兵無故捉去，加以莫須有的「抗日」罪名，灌涼水、灌煤油、餵狼狗……，終於都死在日本監獄裡。

後來，日本軍閥又發動太平洋戰爭，一直到一九四五年八月六日上午八時十五分，因爲窮兵黷武的軍閥領導錯誤，帶來了廣島、長崎遭受了原子彈的慘劫，害得善良的日本人民喪失了生命財產。在這麼漫長的烽火歲月裡、在這動盪的時代裡、在這疾雷暴風雨裡，川端康成自始至終，沒有發表隻字爲日本軍閥幫兇。他這種光明正大的人格、是非澄明的心境，洋溢著對人類的愛心。這正是明惠上人所說的「心光澄澈」吧？怎不令人肅然起敬！

一九四八年菊池寬死後，川端康成繼志賀直哉接任了日本筆會會長，直到一九六五年辭任止。在他任日本筆會會長時的一九五六年，匈牙利抗暴時，許許多多匈牙利人民爲爭取自由前仆後繼壯烈犧牲。川端康成燦然的內涵，又使他對人類的愛心發出了光明，他曾以日本筆會會長名義，發表聲明，辭意嚴正，同情爭取自由而被迫害的匈牙利人民，這種珍貴的友情、悲天憫人的愛心，是儒家的「仁」，也是佛釋家的「慈」。

川端康成的心靈美，不獨是限定在某一國或某一地，他更推廣到全人類。一九六二年八月，他參加了「世界和平七人委員會」，爲呼籲人類世界的和平努力奮鬥。這個世界和平委員會是一九五五年十一月十一日，由日本自由民主人士、名流學者聯合所組成的。當時有東京大學校長茅誠司、聯合國教育科學文化機構日本委員會理事長前田多門、京都大學教授湯川秀雄（一九四九年曾獲諾貝爾物理獎）、東京教育大學教授朝永振一郎、日本全國婦人聯合會會長平塚女史、日本YWCA會長植村環等。

一九六七年中共「文化大革命」，震驚了世界各個角落，川端康成不忍坐視善良的中國人民慘遭殺害，他又發揮了智慧的光芒，毅然於一九六八年二月聯合日本作家抗議所謂「文化大革命」。他這種充滿了愛心的義舉，鞠躬盡瘁、廣泛的爲人類爭自由爭生存而努力，他的心靈之美，可算得是頂天立地，多麼可歌可泣！

川端康成對中國人一直都是非常友善，而且了解得也深刻。

川端在他最後的一篇講演——一九七二年一月五日在文藝春秋社講的那篇名之爲〈要永遠作新人〉的講演中（見《諸君》雜誌一九七二年六月號），除了批評日本的社會「像空中樓閣」，批評日本人失去「主體性」，希望日本人不斷的要有新創見、新構想……。同時他更特別提到他對中國人的看法。他說：「中國人最重緣，中國人最講信義……」

他又說：

「中國人同胞意識非常強，日本的經濟雖然很發達，可是在海外互相傾軋，同時更會很容易的發生孤獨感，不敢一個人遠行，所以到外國去旅行時，總是成群結隊……，中國人絕不如此，我個人也不如此。……」

由這些話，我們不能不欽佩川端看法的深邃和正確。

一九七〇年六月二十五日，「亞洲作家協會」在臺北舉行，川端要到臺北參加會議的時候，日本筆會許多作家曾經反對，而且阻止川端說：「如果你去臺北，我們要退出筆會……」川端康成是明辨國際情勢的、是尊重自由地區的國家的，他終究如期趕到臺北出席會議，並發表了他對文藝寫作的高論，而且沉醉在故宮博物院中華文化的偉大遺產中。他嚮往中華文化，敬愛中國固有傳統，這種崇高的風度，豈是一般常人所能望其項背的？

不幸，這位偉大的文豪，在一九七二年四月十六日用瓦斯自殺，永離人間了。可是，他閃爍著光華的美的心靈，卻永遠不死，照耀著人類，照亮了爭取自由的人心，發揮出無邊廣大的力量；他眞摯的友情，更彌足珍貴，將永遠屹立在愛自由、愛和平的人們心中。

（中央日報副刊）

日本文壇點滴(一)

近來日本電視連續演出了長篇小說《楡家的人們》，獲得了社會各界好評。讀了原文，更體味了它在文學上難得的業績。

《楡家的人們》是用東京一家醫院，歷經明治、大正、昭和三代的家族變遷，在巧妙的人物造型和流暢的敘述下所發展的故事。

這部小說，代表了日本近代文明，由戰敗崩潰的時候開始，重新把過去將近一個世紀之間的文明興亡描繪了出來。它充滿了柔和的情感，在近代日本文學中，看到了深切的注目。

作者北杜夫，本名齋藤宗吉，昭和二年（一九二七）生，東北大學醫學博士，做過醫師。昭和二十四年開始寫詩、小說，曾獲「芥川文學獎」。昭和三十九年發表了《楡家的人們》，又獲得了「每日出版文化獎」……。

自古以來，無論東方、西方，大家都公認文學的基本是「詩」，「詩」以外是「劇」。換句話說，文學的中心主流，是由「詩」和「劇」發展下來的。可是近代的日本文學，小說在質和量上壓倒了其他的文學體裁，於是產生了「文學就是小說」的情勢。

《萬葉集》以來，連綿了一千數百多年所傳下來的「詩歌」爲主的日本文學，早已束之高閣、揚棄而不顧了。現在日本文壇大多數是職業作家，在「小說優先」、「小說萬能」的氣焰下，寫出了很多小說。而且受歡迎的小說，經常銷售百萬本以上。

因此，現在的日本文學，有意義、有價值、雋永高雅驚人的好小說固然很多，可是，黃色、黑色……小說，更是滔滔滾來。在這個商業社會裡，「小說」已經是企業化了，試想創作是如何可貴！

（幼獅文藝）

日本文壇點滴㈡

讀了《日本近代文學全集》後，發現日本作家人數眞是太多，而且他們寫出來的作品，也實在是出乎意外的多。

所謂日本近代文學，是包括了一個世紀以來的文學。就只是第二次世界大戰結束，日本戰敗、從破瓦斷垣、廢墟殘壁中復興以來，僅有三十七、八年的日本文壇所產生的作品，竟然是多得讓人吃驚。

現在所說的《日本近代文學全集》，大都爲「小說」所佔領了。日本近代文學是挾著「小說優先」的氣焰而發展了下來，「小說」形成了日本文學的主流。在日本文壇上，近代小說多得沒有辦法循序說明。讓我們先看人們深深注目的、特別長的長篇小說〈迷路〉吧，這是一部富於吸引力的長篇作品。

〈迷路〉作者野上彌生子女士，明治十年（一八八五）五月六日生於大分縣臼杵町。家庭環境良好，自小研讀日本古典文學，如《萬葉集》、《古今集》、《源氏物語》、《枕草子》等。漢學造詣亦很深厚，曾精讀中國「四書」。明治三十九年明治女子高等學校畢業後，是年夏天與當時東京大學英文系的學生野上豐一郎結婚。豐一郎介紹彌生子拜在夏目漱石門下，由夏目漱石推薦，連續發表了〈綠〉、〈七夕〉、〈佛座〉等，開始活躍在日本文壇上。因爲夏目漱石的影響，更是一登龍門，身價百倍了。

〈迷路〉第一部於昭和十一年一月一日《中央公論》發表；第二部於昭和十二年一月一日《中央公論》發表；續篇於昭和二十三年十月「岩波書店」出刊；第三部於昭和二十四年一月號《世界》發表；一直斷斷續續至昭和三十一年(一九五六)十月發表完了。它以昭和十年時代爲背景，敍述近代日本國家的崩潰，同時把這個崩潰的過程，儘量的多方面描繪了出來，而且唱出了近代日本文明的輓歌。描寫貴族出身的政治家和跟這個政治家相互結合專求發財的政商爲社會的上層部分，又以一個地方上沒落的破大家出身、曾經一時迷信過新思想，後來卻又轉了方向，專以整理當地舊藩生「阿藤家」的史料而過著空虛生活的青年爲中心。再在他的下層，配合了在蘆溝橋事變侵略中國戰爭時激烈的彈壓下，卻依然繼續進行反戰運動，有的喪失了生命，有的逃往中國的青年等情況而展開了這部的長篇小說。

我最喜歡〈迷路〉的沒有矯飾，筆調是那麼平實的把故事徐徐的展現在讀者眼前。在這個長篇故事中，還有一位用極冷酷的眼光來觀察著這個分布了幾個階層、織出了不少人物群的歷史劇的老人，這位老人，雖然是「幕末時期」爲了要推進開國政策，後來被攘夷分子的兇刃所暗殺了的一位大政治家的子孫；可是，他卻因爲忍受不了近代日本文明的雜亂，自己退爲旁觀者，專以「能樂」、「史書」爲生活，做了逃避現實的隱者。在這個老人的眼光下，映出了由於第二次世界大戰所引起的近代日本的毀滅，是歷史所必然應起的結果。正是〈迷路〉作者對於歷史所下的審判了。

讀到最後，留給人們一個深刻的印象——那個轉了向的青年主人翁（菅野省三）被征去從軍，又逃跑了，恢復了他以前所憧憬的現實生活，繪出了日本的毀滅，而又給日本帶來了新生。這正是〈迷路〉具有深奧的意念，而且閃耀著理念的光輝。在日本近代文學中，〈迷路〉實在是一部奇特的傑作了。

（幼獅文藝）

日本女作家向田邦子

一九八五年秋，日本日航機由東京飛大阪墜落慘死五百二十人以來，電視上連續放映了大阪幾家公司公祭以及他們的家祭畫面，使人痛惜不已。因此，更憶起了一九八一年八月二十二日，日本女作家向田邦子墜機逝去的往事，倍增哀思。

當向田邦子逝世三週年紀念日時，文藝春秋社出刊了〈向田邦子三週年忌〉專輯，來紀念這位多方面發展又極有前途的女作家。向田邦子在日本擁有廣大的觀衆、聽衆和讀衆。許多人譽她逝去前，已獨佔了日本茶室餐廳、飯餘酒後人們的餘暇了。由她的作品多采多姿以及數量來說，這話恐怕是非常正確的。

向田邦子就是她的本名，昭和四年（一九二九）十一月二十八日東京生，父親是保險公司分公司的經理，出生於標準的中等薪水階級的家庭。昭和二十二年（一九四七）入實踐女子專門學校（後改爲實踐女子大學）國文科（日文科），畢業後先入雄雞社做《電影故事》雜誌的編輯記者。昭和三十四年（一九五九）日本電視公司的《一一〇電話》的節目，採用了她的臺本，而成爲廣播劇作家。她的成名之作是JBC無線電廣播節目的〈森繁的公司大員讀本〉。昭和三十九年（一九六四）以「七人的孫兒」贏得了廣大的觀衆和聽衆。以後〈寺內貫太郎一家〉等作品，使她聲名日高，突飛猛進，如入無人之境。此外，還有〈時間到了〉、〈蘿芐之花〉、〈啊，嗯！〉等等，到她去臺灣旅行之前，經她之筆所完成的電視腳本，已達一千部以上。預定執筆的，還有〈虞美人章〉、〈啊，嗯！〉的續編等等。

向田邦子又是位能寫隨筆的能手，〈父親的謝罪會〉、〈眠之盃〉、〈無名僞名人名簿〉的三册專集，也擁有不少讀者。一九八一年九月二十七日，日本《週刊文春》所發表的〈女人的食指〉第十四章，已成爲她隨筆的絕筆了。（該章之拙譯文曾於七十三年八月三十日中副發表）她的散文寫得實在饒有風味。

向田邦子能月產三百張原稿用紙，但她又是遲遲送不出預定原稿的有名遲筆者之一。按照日本習慣，一般來說，放送劇的原稿，在脫稿以後，先用鋼版或打字印出臺本，交給演員們。可是，她的原稿，卻常常遲得趕不上做這樣的印刷，逕把原稿就那麼複寫出來，交給演員們使用了，由此，也可以知道她對寫作的構思和運筆的愼重了。

向田邦子獲得第八十七屆直木文學獎，是在昭和五十五年（一九八〇）八月，獲獎作品是一組三個短篇。同屆得獎的還有志茂田景樹的〈黃色的牙〉。她獲獎的三個短篇作品，最先都是發表在《小說新潮》，如果以時間的順序來說，〈花兒的名字〉是該刊四月號、〈水獺〉是五月號、〈小狗窩兒〉是六月號。可是，在內容方面來看，三篇雖同時獲得直木文學獎，但，正如一般的定評來說，〈水獺〉最爲優越，不獨是三篇之冠，而且也是她最有代表性的作品。

向田這三個短篇小說的水準如何?當然，各人讀了以後，會有各人的論評。可是，為了作為參考，現在將當時直木文學獎考選委員們（出席者共七人，城山三郎氏缺席）對以上三篇作品所下的案語，略作介紹：

委員之一的阿川弘之氏曾說：「從發表的雜誌的頁數來看，每篇差不多都是兩段版面的六個單頁，但在這短短的篇幅中，各篇都能展開各自的人生模樣，場面的轉換、格局的布置、人物的描寫，對零碎末節的照應，以及那有風趣的技巧，都值得欽佩。只那麼少少的頁數，毫不拖泥帶水，筆下有弦外餘音之妙。除了譬之為鮮明潔亮之外，別無可言。」

推薦這組作品最力的考選委員水上勉氏則說：「由這三篇作品，已確立了向田自己的領域，她衡量同性視線的銳利，是作為男士的我等所沒有的。作品在表現上有獨自的風格，而且，簡潔爽快。某考選委員所說，出現了大型的新人，或許就是指她而言，我對此說也表贊成。」

水上勉氏又說：「由於向田邦子的出現，或許能打開『現代小說陷於絕境』中的一個出品。」

另一考選委員今日出海氏，則把向田的這一小群作品和同時獲同獎的志茂田景樹的〈黃色的牙〉作了個對比，而稱讚了志茂田的雄勁和向田的纖細。並且評論向田邦子的作品說：「這種纖細而精緻的手法，可說是日本短篇小說的典型。」

山口瞳委員的考選評論：「稱讚向田邦子的作品有驚人的新鮮感。」同時山口瞳更注意到向田設喩的美妙，他認爲：「向田是善於設喩的作家，去尋找她究竟用了些什麼樣的比喩，也將是短篇小說讀者的樂趣之一了吧?!」

其實，向田邦子的短篇小說，除了獲獎三篇，僅在她的短篇小說集《回憶的撲克牌》中，便還收有〈緩緩的斜坡〉、〈擠死人的窗子〉、〈三塊肉〉、〈蘿蔔之月〉、〈蘋果的皮〉、〈耳〉、〈酸酸的家族〉等十數篇，這些都有値得一讀的妙趣。可是，向田邦子並不是寫小說起家的。正如上述，她是擁有廣大的觀衆，聽衆和讀衆的廣播劇作家。

向田邦子是一九八一年八月二十二日在臺灣省苗栗上空墜機逝去的，這不獨是日本文藝界及觀衆、聽衆、讀衆的損失，也是我國內外許多同好及現在或將來文藝界的一大損失。爲了紀念這位意外殞落的文星，特寫這篇哀思的短文，聊表對這位逝去的多才多藝的日本女作家的紀念。

至於日本直木文學獎的性質和它的來龍去脈，請詳見本人於中華民國五十八年七月二十七日中副刊〈談芥川直木獎〉及五十九年十月號《幼獅文藝》刊〈再談芥川直木獎〉等，此處不再贅述了。

（中外文學）

談談《水滸傳》的版本和它的章回數目

《水滸傳》的日文譯本，在日本非常暢銷，而且在日本文學界是膾炙人口的。一部是故吉川幸次郎譯的一百回的本子（岩波書店刊），另一部是駒田信二譯的一百二十回的本子（平凡社出刊）。這兩個譯本的內容相差有二十章回之多，使我感到很奇怪。小時候自己讀的《水滸傳》究竟是多少回的本子？一點兒也記不清楚了。現在京都大學人文科學研究所查閱中文原本，卻又發現有很多種類的七十回的本子，這就使我對《水滸傳》更發生了興趣，《水滸傳》究竟有多少章回不同的版本，讓我先做一個簡單的考察。

《水滸傳》除了七十回、一百回、一百二十回的本子之外，還有一百十回、一百十五回、一百二十四回的本子。現在我歸納各家（見參考書目）的考證，把它們記述如下：

㈠七十回本的水滸傳：這個本子在近代中國是最流行的。大概這是因爲金聖歎曾經批過的關係也說不定。但七十回本子的刪訂並不是始自金聖歎，據胡適之先生等的考證，七十回本大約在明朝弘治正德年間（西曆一五〇〇年前後）就已經成立了。民國初年推行新式標點符號以後，汪原放最初用標點符號標刊的就是這個本子。最近臺北三民書局所刊的中國古典名著《水滸傳》等，也都是這個系統的本子。

㈡一百回本的《水滸傳》：以爲原本和新本。原本大約成立於明朝初年，新本則是大家都知道的明嘉靖年間武定侯郭勛的刻本，或簡稱爲郭本。據胡適之的考證，這個新本的百回本，它的前七十回是採用了弘治正德年間的七十回本的全部，又把原百回本（即明初本者）的後半部四、五十回縮編成三十回而合成的。李贄評點的《忠義水滸傳》就是依照了這個本子。日本享保十三年（一七二八年）複刻本，也是這個本子。吉川幸次郎先生的日文譯本，就是以這個本子作爲底本的。

㈢一百回本的《水滸傳》：題名叫做《英雄譜》，是與《三國演義》同刻在一起的，它的刻印年印，大約是明末清初之間。日本漢學家鈴木虎雄（已故世）藏有這個板本。一般認爲一百十回本的出現，當晚於下述的一百十五回本，而是以一百十五回本爲底本的。

㈣一百十五回本的《水滸傳》：題名叫做《英雄譜》，與《三國演義》合刻，分爲兩截，上截爲《水滸傳》，下截爲《三國演義》。又叫做《漢宋奇書》，有熊飛的序文。它的原刻，大約是在明崇禎年間成立的，後來又有小字的翻刻本。

㈤一百二十回本的《水滸傳》：大約刻行於明崇禎年間，有楊定見的序文，附有發凡十一條，說明較一百回又增加了二十回的原因。日本京都府立圖書館藏有它的原刻文，駒田信二的日文譯本，就是以它作爲底本的。

㈥一百二十四回的《水滸傳》：大約是清乾隆年間成立的刻本，光緒年間似乎又有新刻，因爲有的書上首頁刻有「光緒己卯新鐫」的字樣，又附有乾隆丙午年古杭、枚簡侯的序文，後面還附有雁岩山樵的〈水滸後傳〉，因爲首頁還印有「姑蘇原版」的圖章，所以它大概是在江蘇刻印的。

以上只是做了個簡單的概述，坊間所印《水滸傳》的本子雖然很多，但是，大概都脫不出上述的幾個系統。《水許傳》的版本實在太多了。此外，外國文的譯本，單就日文譯本來說，新舊譯本便有數十種之多，詳細研究起來，必定更有興趣。

參考書：

①《水滸傳考證》　胡適（舍間藏書，亞東圖書館民國十九年刊水滸傳）
②《水滸傳後考》　胡適（同右）
③《水滸傳校讀記》　汪原放（同右）
④《水滸傳簡論》　趙景深（臺北學生書局刊水滸人物與水滸傳）
⑤《水滸戲》　林培志（同右）
⑥《水滸傳考證》　繆天華（臺北三民書局民國五十九年刊水滸傳）
⑦《水滸傳譯序》　吉川幸次郎（日本岩波書店）
⑧《水滸傳》百二十回本和七十回本　松枝茂夫（日本平凡社）
⑨《中國文學史》。

中國年畫

每年「春分」、「秋分」，日本全國休假。可是，農曆新年，竟尋不著絲毫新年氣象。然而，僑居的我們，倍是故國情深，兒時熱鬧、彩色繽紛的年景，至今縈繞心頭，一幕幕清晰的映在眼前。

我的故鄉是江蘇省，可是，父親長時間在山東工作，我們姐妹兄弟都在山東長大。在我記憶中，每當新年到來，我最高興跟著大姐、大哥貼年畫，我快樂的跑前跑後，給他們越幫越忙。每種年畫，貼在哪兒，都有固定的位置，貼錯了會鬧笑話的。按照習慣，大家貼年畫，一般都是先貼大門，一直貼到後門。大門口貼的是大門畫，房門貼的是房門畫……，鍋頭上貼農曆圖，連大車上都有專門的年畫。這許許多多年畫，都是我國同胞們美好的生活寫實。

廣大中國大陸有諺語說：

「有魚有肉不算年，

貼上年畫才是年。」

每逢新春佳節，家家戶戶貼好了彩色鮮艷的木版年畫，就更增添了歡樂、喜慶祥和的氣氛。

我國的年畫，有三大著名產地：天津的楊柳青、蘇州的桃花塢和山東的濰縣。這鼎足而立的三處年畫，各有自己的獨特風格和傳統。

楊柳青年畫，因產在天津市郊的楊柳青鎮而得名。祥美豐滿，人物景象生動，色彩鮮艷，非常有裝飾性。

桃花塢年畫，得名於蘇州的桃花塢大街，構圖完美，雕版工整，形成強烈的對比，給人以清新活潑的感覺。

山東濰縣木版年畫，豐美飽滿，線條簡練，是根據我國北方農民居住環境設計的，裝飾性很強。

這麼許多年畫，都得到人們的喜愛和重視。而且，在世界上也很享盛名。日本、英國、西德等國家的博物館裡，都收藏著中國年畫的原型版。

我個人更喜愛山東濰縣的木版年畫，放棄了楊柳青半印年畫的製造方法，採用木版套印法，成了自己的特色。一幅年畫，需要刻製四、五種套版，每塊版面的部位都要和其他版面嚴密相符。在套印作房裡，印工們調配了色彩，迅速準確的印刷，五彩繽紛的年畫就出來了。而且，人們還可以看到，年畫所用的材料，朱砂和胭脂等，都是十分名貴的。要用那些名貴的材料，是爲了經久不褪顏色、易於珍藏的。最後工人們把印刷繪製成了的年畫，襯以花綾錦緞，裝裱成條或其他各種形式。這樣，每幅年畫，大約需要五道工序，才能完成。

在濰縣楊家舖一帶農村，年畫是十分普遍的。製作年畫是那裡農村冬天一項主要的副業。所以年年收罷大秋，人們就開始刻版。當地人，大多都是祖輩傳下來的一手繪畫、刻版、印刷等技能。過去，外鄉姑娘嫁到那裡，必須要學會作畫等手藝。人們對姑娘媳婦的評價，多是以年畫來做基準呢！

大陸沉淪的這些年來，在恐怖血腥暴政下，受迫害、受壓榨的同胞們，誰人還能將這種歷史傳統的年畫，如同往昔般承傳獻製呢?!待望的家園，慘遭浩劫，一定都大非昔比了啊！

（中央日報副刊）

第二輯　炎黃子孫在海外

日本的「大學祭」

由大阪梅田車站乘環狀線電車至鶴橋驛，換乘近畿鐵道的快車，經過石切、生駒等名勝地區，到達了日本最古最古的文化發祥地耶馬臺國——亦即是奈良盆地中心部。電車過了石切與生駒間的大隧道後，沿途都是碧綠蒼翠的松柏、鮮紅耀眼的楓葉，連映在車窗外面，好像是走不完的公園。

在生駒山東側的層巒中，遠遠看到了那座九層高樓頂上，貼著藍底白字「帝塚山大學祭」的指標。車徐徐停在富雄驛前，我又改乘計程車，依著山勢，馳過迂迴曲折、起伏不平的別墅宅區，就到達帝塚山大學的校門口了。

十月二十五日到三十日是帝塚山大學「大學祭」的期間，二十七日這一天，正是該校這項文化活動的高潮。天公又非常作美，惠予了一個有名的「日本晴」的晴天。所以我特選了這天，一早就和炳南約好，要去參觀這場熱鬧，炳南在帝塚山大學擔任專任教授，雖已很多年，可是因爲平日都忙，我去看他們的「大學祭」，這還是第一次。

帝塚山大學是帝塚山學園一系列學校的最高峰。這所學園是從幼稚園開始，有小學、初中、高中、短期大學、四年制大學，步步登高。也可說是一個人從幼稚教育開始，一直可以在那種高雅的校風中，接受高等教育，直到學有專長步入社會，這當是該校聞名的原因之一。另外，這所學園雖然已有五十年以上的老歷史，可是卻有最新的教養學部(FACULTY OF LIB-ERALARTS)，教授們又都是各科的耆宿，如生物學小清水卓二、地學槇山次郎、法學渡邊宗太郎、人類學金關丈夫、史學豬谷文臣、美術下店靜市、英文學佐佐木理、德文木村壽夫、法文莊保三郎等，都是權威。曾獲諾貝爾物理獎的日本物理學者湯川秀樹，也在該校擔任現代科學的講座。所以各國留學生紛至沓來，因而在日本社會上也就有「東有東大、西有帝大」的美譽了。

當我一步入那山坡上的校門，便被「大學祭」的五光十色的氣氛所籠罩了。所謂「大學祭」，請容我在這裡稍作介紹吧！「祭」這一個字，日本人念作「Matsuri」，它是有節日、慶祭、廟會、祭祀，以及集合很多人狂歡熱鬧等的意味。「大學祭」很像是我國的校慶，或遊藝同樂會的性質，但卻又不是校慶，也不全像遊藝會。這個活動是任由學生們狂歡慶賀，亦莊亦諧，出盡洋相，可是不能離教育宗旨的大本。由學生們自己辦，拖先生們參加，所以「大學祭」的活動方面，包括有運動競技、講演、辯論、唱歌、舞蹈、電影、演劇、書道、茶道、學科展覽、化裝遊行、以及學生們自擬自營的各種各式的賣店、餐室、音樂吃茶等等……，無所不包，無所不有。我匆匆通過了那種熙熙攘攘的「大學祭」的走廊，乘電梯逕上七樓，先到炳南研究室裡，這時正有幾個學生，在他那裡閒談，他一一給我做了簡單的介紹，大家仍舊復坐，繼續聊天。他的研究室居高臨下，可盡覽附近的山光秋色，風景極美。室內藏書甚豐，琳瑯滿目，除了我所知道的以外，原來他自己還背著我又買了不少新書，我還以為他拿去的錢都是亂用了呢。炳南是專攻中國文學和考古學的，國內北平師範大學國文系畢業以後，又在日本國立京都大學研究院研究了多年。他現在開講的是中國語文講讀、論語、唐詩、唐代小說等講座，在各大學中，大都講求「時髦」的現在，仍能守住固有傳統、發揚光大的，實在如鳳毛麟角。談了不久，那些學生們站起來要走了，各人都領去炳南給她們批改的作業，我隨手要過我身邊一位名字叫做中島憲代的學生的那篇來一看，原來習作的是一首題名〈秋夜〉的五言絕句。在寫得整齊的原稿上，只用紅筆圈改了三、兩個字，不獨平仄甚調、用韻穩妥，而且讀來也滿清新可愛。現在錄在下面：

「新涼侵臥內，寂靜獨沉思；
明月來相照，秋風到幾時?!」

由此可以約略知道日本學生學習中國詩的情形了。

飲了一杯茶，就由喬教授案內，先參觀學校，從圖書館，經過文學、美藝、史地、考古、生物、化學、法學、演劇、音樂等各個共同研究室，一直到語言學研究中心。我最感興趣的，就是這一所外型美觀、防音牆壁、設備新穎而充實的語言學中心了。我們先從中間的心臟部進去，那裡是這所研究室的中心，有放送室、錄音室，處處都是線路複雜的機器。主持這個研究中心的是池宮恒子副教授，這天正由田助手宅田資子小姐值班；宅田是炳南的高足，她高興的給我做種種的說明。中心部的前面，裝有四十多架書桌式的聽取、練習、詢問、解答用的錄放音機。這間大型電化研究室，隔成四十多個小方塊，每個方塊各成爲一個單獨獨立的小範圍。中心部的後面，則是一個會議室式的大房間，有長方形及橢圓形的大型桌子，四周附了許多耳機和電門，這是學生們可以隨時自由使用練習的。我在大型電化研究室的獨立小方塊內書桌式的錄放音機器前面坐下，順手撥來，聽到了英語、德語、法語、中語的各種錄音，同時更聽到了《阿里山的姑娘》等數曲自由祖國的歌聲。我曾歷訪過不少的日本大學，這種情形，確實是「陽春白雪」，眞是一種身在異鄉而心遊自由祖國的感覺了。他們這裡講授中國古典，是先讀中文原典，接著再譯成日文，以日人所特有的「訓點」讀法來讀，這種「訓點」讀法是非常有趣的，在原文上標一、二、三、四的小字，又加上適當的「假名」，看起來和中文差不多，讀起來卻完全是日本文，讀完再用日文講解，所以即或是完全不懂中國語文的學生，照樣可以研習中國的古典、寫中國的古詩。

參觀完了語學中心，又去聽當天的演講。這一次她們「大學祭」的主題講演共有三場：一是由京都大學名譽教授兼日本常設國際裁判所裁判官田岡良一講〈和平政策的考察〉；二是日本南極探險隊的前任隊長，現任該校教授的鳥居鐵也講〈展開的南極大陸〉；三是由曾任日本厚生大臣，現任衆議員的中山女史講〈生活在風暴之中〉。當我進入到那個前低後高的大講堂中時，正是中山女史在那裡鼓其如簧之舌發表她那篇精采的演講的時候。中山女史是自民黨的健將，她的丈夫中山福藏先生和兒子中山太郎氏，都是國會議員。中山福藏更是數度訪問臺灣，對突飛猛進的臺灣甚是敬佩。他家的客廳裡，一直懸掛著一幀　蔣總統親自簽名贈給他的玉照，我們可以知道他對　總統尊敬的情形了。

由講演會場出來，已經是飢腸轆轆，聞著各種食物的香味，我立刻堅定了自己的主張，不再去參觀別處，必須去看看那些吃食賣店，解決「以食爲天」的大問題了。許多賣店分散在每層樓上，都是用教室臨時改裝成的。有法國點心、義大利麵條、美國三明治、德國熱狗、中國包子、中國麵、印度咖哩飯、日本的壽司、茶漬飯、關東煮、烏賊燒……以及巴西咖啡、花旗橘水、可口可樂、冰淇淋等。我由喬教授和他的幾位高足陪同，先從法國點心吃起，一直吃到日本的關東煮。所有參觀的人們，都吃得春風滿面、大快朵頤。有的拿著棉花糖擺來擺去，忘記了自己的年齡，都變成大孩子了。這時，我們找了一家有夏威夷音樂的茶室坐下來稍憩，樂隊的學生們扮成夏威夷人的裝束，戴著大花圈，扭動搖擺，唯妙唯肖。那低音的「吉他」，眞似把人帶到南國的海濱了。

我在燒陶器的賣店裡，自己畫了一個盤子，立刻就燒好了，花錢不多，卻是非常精緻，又富有紀念價值。後來，又被學生們拖進一家日式清唱的吃茶室，在裡面聽了許多日本歌曲。大家不分主客，都可以加入唱團，眞是暢快怡人。好像吃過大菜後，飲了一杯清涼的檸檬水似的爽朗輕鬆。

在書法研究室裡，遇見了該校校長森礒吉及學監熊澤安定教授，他們對我這位中國客人，非常歡迎。同時對炳南平時教學努力，備極讚揚。森礒吉和熊澤兩位先生對我國固有文化都有很深的造詣而且非常嗜愛。他們的中國詩文都寫得很好。五年前，熊澤先生曾率領該校學生訪問臺灣，接受了我國教育部和救國團熱烈的招待。這一次，還遇見幾位曾去臺灣訪問過的畢業生，暢談起訪臺時許多有趣的事情。對於能夠使她們了解我國家庭情形，而在家中留宿設宴招待的我國實業家梁傳琴先生及其夫人，仍是念念不忘！

我們又去聽日本的古琴演奏，學生們穿著和式古裝安靜的坐著彈琴，古雅優美到了極點。這日本的古琴，實際就是我們中國的箏。仰望窗外，白雲悠悠，青山紅葉，使人如置身在圖畫中。

當我試飲了日本的茶道，濃郁清香。一時也分不清楚是「表千家」還是「裡千家」的茗茶？至於茶道的規矩，更不是一時能夠學得到、說得完的呢。

大家哄笑著又回到走廊上，猛然看見了有人賣中國古法炮製的麥牙糖，我高興的買了許多，分贈給周圍不相識的男女朋友們。我們用兩支筷子邊搖邊吃，正是遊客得到了鄉音，無限喜悅！

參觀日本的「大學祭」，我這還是第一次呢。更能藉機做我旅日學人的訪問，眞是一舉兩得。用句日本話來講，正是「一石二鳥」(Isse Kinicho)了。我國在日本的學人，雖也不少。但是，在日本的大學中，擔任教授的卻是寥寥無幾；關西地區除了炳南之外，據我所知，再有就是關西學院大學的張源祥教授、京都產業大學的臧廣恩教授；今秋由臺來日的廣島大學王夢鷗教授。關東方面除了東洋大學吳主惠教授外，恐怕也只有三數人而已，其他都是擔任講師了。

在復興中華文化的巨流中，日本與我國相距最近，歷史關係最深。今後我要找工夫，繼續訪問另外的幾位先生，介紹些他們在海外宣揚我國文化努力的情形。

（中央日報海外版）

劫後重興的廣島

由大阪乘飛機，沿瀨戶內海的上空，飛行了五十多分鐘，機身就平穩的降落在廣島機場了。廣島是一九四五年八月六日上午八時十五分，因爲窮兵黷武者領導錯誤而遭受到原子彈慘劫的第一個大城市。到現在雖然已經由破瓦斷垣、殘壁廢墟中繁華起來，可是，日本朋友總忘不了那菌狀原子雲所帶來的悽慘往事，聽了使人觸目驚心。

我們步出機場的出口，離著與王夢鷗教授約定的時間還早，決定利用這段空暇，先去看「原爆資料館」與聞名世界的「和平公園」。原爆資料館就在和平公園內，所以並不須特別繞道。於是我們雇了計程車，十幾分鐘，便到了公園的南側。

廣島給人們的第一個印象已經復興了，而且壯大了！我們所路過的那條寬達一百公尺筆直的「和平大道」，正是代表廣島市近代化的里程。那麼寬闊的道路，不但是日本其他任何大都市現在所沒有，恐怕也不是任何都市短期以內可以做得到的。下得車來，映入眼簾的便是那蔥翠鬱茂、百花齊放，交映著幾棟近代化大廈的「和平公園」了。那圓形花圃的中間，首先令人看到的是一座青銅塑製的「風暴中的母子巨像」，那位偉大的母親，正抱著乳兒，又艱辛的背負著幼子，在風暴裡拚命掙扎著前進。看了那位母親深濃、眞摯的愛情，普天下的兒女心，誰人又能不滴下酸楚的熱淚？這神聖無邊的母愛，該能是拯救風暴中人類的唯一力量吧！

母子像的後面，也就是北面，再進入公園的深處地方，並列著三棟近代化的建築，中間就是「原爆資料館」，左邊（西側）是「公會堂」，右邊（東側）是「和平紀念館」。我們先選擇了中間的原爆資料館，那是一所用巨大支柱所建築的兩層長方形的樓房。下面是過道，登上二樓，裡面的資料眞是使人驚心動魄，展出的內容共分爲：①原子彈爆發瞬間的遺物；②原子彈的威力；③放射能的威力；④原子彈爆發的威力；⑤廣島與長崎被害的比較；⑥水素爆彈的說明等六個部門。在許多陳列物中，最使人驚慘的是有一團玻璃，裡面清清楚楚的包著一隻手，據說在爆炸的時候，那個人大概手裡正拿著一只玻璃瓶或是其他什麼玻璃器具，原子光熱溶化了玻璃，而他的一隻手包進了玻璃的溶液中，可是他的身體卻完全消毀得無影無蹤了。另有一塊牆壁，上面只留著一個人的影子，據說這個人在爆炸時，一定剛好站在這塊牆壁的前面，原子的光熱射過來，牆壁上他的影子遮住的地方，所感受光熱比影子外面地方弱，所以一瞬間，站在牆壁前的這個人身子完全消滅烏有，可是他的影子卻遺留在壁石上了。

出了資料館再去「和平紀念館」，裡面除了和平紀念設施管理事務所外，有集會場、大廣廳、食堂、喫茶室等，還有陳列著廣島特產的家具、木器、佛壇等等。「公會堂」是各處都有的，大同小異就不去看了。在六月的晴空與翠綠紅花中，再進入公園深處，快到中央的附近，「慰靈碑」就在這個公園的中心了，二十多萬罹難者中有六萬多知道姓名的人們的靈魂隨著他們的名牌安息在那裡的石棺中。

後來，我們又在公園裡參觀了「和平之泉」、「和平觀音像」、「原爆兒童像」等，時間已經不早，便匆匆驅車直奔廣島大學文學院了。

趕到那所「中國地方」的最高學府廣島大學時，王夢鷗教授和他的夫人梁靜訓女史已經在那裡相候了。王教授歷任福建廈門等大學教授，抵臺以後，主持政治大學國文系及國文研究所，更造就了不少傑出的人才。他對國學的造詣，不但深爲學術界所敬佩，同時對青年後進的教導提掖更不遺餘力。夫人畢業於燕京大學，也是教育界名宿，在臺北工專教授英文將近二十年，是學校中的良師，又是家庭中的慈母和賢內助。王教授仍和五年前一樣，是那麼精神飽滿、謙虛、熱忱又豪爽。夫人則比以前顯得年輕了。大家互訴離衷寒暄了一陣，緊接著王教授就陪我們參觀廣島大學文學院，並介紹了廣島大學簡略情形。

廣島大學是由廣島高師、廣島工專，後來的廣島文理大學，又合併了廣島師範、廣島青師、廣島女高師、廣島醫大，而擴成的一所綜合性的學府。現在有文學、教育、政經、理學、醫學、齒學、工學、水產等八個學院，共計三十七個學系。王教授現在廣島大學開講「禮記」、「唐代小說」等講座。廣島大學關於中國方面的學科，分爲中國哲學和中國語文學兩個部門。教授陣營都很堅強，中國哲學部門，有池田末利教授開講「中國古代思想史」、「春秋左氏傳注疏」；御手洗勝副教授講「國語」、「山海經」、「莊子」；友枝龍太郎副教授講「孟子集注」、「中國近代思想史」、「傳習錄」等。語文學部門，則有小尾郊一教授講「漢魏詩」、「唐詩」、「中國文學史」；橫田輝俊教授講「楚辭」、「史傳文學」、「劉基的文學」。白木直也副教授講「紅樓夢」、「說文解字」等。王教授的講座，不但深受廣島大學先生們的重視，更爲學生們所愛戴。他以高深學術的造詣和爐火純青的教學經驗，正在日本做作著宣揚復興中華文化的工作。

王教授說：因爲來日日久，政大又有不少待理的事情，所以暑期內將偕夫人遨遊九州，重返臺北一行。但願這位年逾花甲誨人不倦的學界耆宿，返國後早早再回東瀛，好在海外爲文化復興多播些種子！

廣島，這個多少帶有南國氣息而與夏威夷的火奴魯魯結爲妹妹城的原爆都市，除了「她」已劫後重興，奔向壯大外，本來還有很多值得介紹的地方，如模仿杭州西湖的「縮景園」、形勢雄偉的「廣島城」、紀念世界和平的「聖堂」……，以及在廣島附近，日本三大名勝之一的「官島」等，這些都留待以後有機會，再向大家報導了。

（中央日報海外版）

關西音樂學研究所

我們和張源祥教授雖然已經認識很久，可是，除了每年在領館主辦的雙十節慶祝酒會中，大家暢談一番外，平時卻都忙得很少見面。

今年新年，接到張教授的賀年片外，還附有一張他所主辦的「關西音樂學研究所」的「案內狀」，一月十一日和二十五日下午一時半，分別舉行第一五一次和一五二次該研究所的發表會——樂友會。有音樂學、美學的專題講演，還有鋼琴演奏等。

我們決定參加一五二次的樂友會，頭一天先打電話跟張教授聯絡了一下，他很高興的在電話裡告訴說：「非常歡迎兩位貴賓……」國語發音四聲標準得誰也不會相信他是出生在日本，而且一直生活在日本的中國人。

二十五日清晨，彤雲密布，寒風襲人，天氣像是北方的嚴冬；等到我們離家後，太陽竟衝出雲端，整個大地和煦溫暖了，遠山近林一片光亮，天氣又像是大陸的江南，我不覺得冷、不怕冷的心理，令我感到了驕傲。

上午十時，我們順路先拜訪神戶山手大學教授阪口保先生，這位專研究日本「和歌」的學者，溫和親切，曾在我國北方居住多年，中國人情味十足，堅留我們在他府上午餐。阪口夫人比阪口教授小三歲，今年整整七十高齡，甚是雋秀健康，歲月並沒有磨損了她的美麗文雅，依然是一位典型的日本美人。屋內處處打掃得光滑清潔。她忙著整治酒菜，我們幫忙搬運；阪口教授不停的一件一件的找他收藏的古董叫我們看，他又幽默又興奮，座中盡是他的笑話。談到中國文學，他倍感親切，古代的和近代的中國名家以及作品，他喜愛的很多……。我們邊吃邊談，時間已是不早，於是大家在他們的「英英籬下菊，秀色獨滿枝」的庭前，拍了幾張照片，匆匆告辭出來，馬不停蹄的趕往西宮市上甲東園，出了車站，光亮的柏油馬路依著山勢向上爬，遠遠望見了煙波的武庫川，路側盡是幽雅青蔥的庭園，小巧可愛。走了約有一百五十公尺到達一所寬敞門前，正是「關西音樂學研究所」，院內出人意外的優雅，高潔拔俗，獨立不倚。樂聲琴聲悠揚迴盪，我們已先感染了盎然天趣。這時張源祥教授已經隔著落地玻璃門向我們打著招呼出來迎接了。這位寧靜淡泊、不喜歡交遊的音樂家、藝術家，體力充沛、和藹謙虛，引導我們進入了研究所裡，長達四十坪的音樂廳中排滿了長條椅子，最前面安放著兩架三角形日本「山葉」鋼琴，另外有大型電唱機、錄音機和吉他等樂器，以及音樂圖書等等。鋼琴後面牆壁上懸掛著一張彩色的音樂演奏會的大相片，還有兵庫縣贈給該所的「文化獎」。講臺上放著一個鏡櫃鑲著貝多芬(Uan Beethoven, 1770-1827)的半身相片。音樂廳內先已坐有四、五十位嗜愛音樂的先生、淑女們了。

巨型的電唱機正放送著柔美輕快的音樂，暢人心弦。我們脫下大衣，略事寒暄，便即入座，這個研究的發表會也就開始了。首先由張源祥教授發表他那篇〈貝多芬誕生二百年紀念〉的論文，他從貝多芬的出生、幼年、奮鬥、成功，一直講到他作品的時代、內容的分析和評論，並報告了些最近在日本演奏貝多芬樂曲的情形；說到高潮處，他隨時打開那巨型的電唱機，讓大家一聆這「樂聖」的名曲。最後他又歸結到他的名論，他說音樂是無形的道德，是美麗的道德的花朵，才結束了他這篇清新、感人肺腑的講演。緊接著是關西學院大學院島尻政長發表他數年來心血的結晶〈尼采(FRIEDRIGH WILHELM NIETZSCHE)與貝多芬(LUDWING UAN BEETHOVEN)〉的研究，把這位德國有名的哲學家詩人尼采(1844-1990)和貝多芬來做研究是非常有趣味的。這兩篇演說都完了以後，接著是大阪音樂大學秋永晴子小姐的鋼琴獨奏，所奏的是貝多芬名揚世界的《月光曲》，以及巴哈（JOHANN SEBASTIAN BACH 1685-1750，德國音樂家）的平均律《柯拉維亞曲》第一卷的第八曲和第十三曲。秋永晴子小姐穿著粉紅色繡白花的洋裝，原本秀麗的姿態，再加上動人的風采，更顯出她無比的美麗；在她五指的輕彈脆擊下，令人飽嚐到這名曲的饗宴，室內只飛滿了樂符奔蕩和輕馳，人們似已把呼吸都停止了，只到最後一響，大家才似驚醒過來，掀起了激烈的掌聲。當秋永晴子小姐起身向大家鞠躬時，美麗輕盈、活潑喜悅和層層充滿生機的琴聲，仍在震顫著我的心靈，盪氣迴腸又迴腸，焉不繞樑三日?!

鋼琴演奏完了，張教授請大家到音樂廳隔壁的廳室裡圍繞著大長方桌子坐下，幾位小姐川流不息的端菜、端點心，張教授一一詳細介紹每位在座的人。又讓大家對方才的講演，提出各人的疑問和資訊。大家吃著、談著，有說不出的和睦輕鬆感。這所「關西音樂學研究所」，已經有六年的歷史，除了培養音樂專才、舉行音樂演奏外，主要工作是普及音樂教育，促進中日友好關係……。

張教授很風趣的報告了一件動人的事情，他說，去年（一九六九），當日本的大學生們鬧事最厲害的時候，也曾有幾個要鬧事的大學生，跑到這研究所來，但是，他們一到了大門口，聽到裡面音樂響，就都止步不前了，這是音樂感動了他們，後來這裡從此不再有學生來鬧事。張教授的話雖然有些幽默，可是，裡面卻含有無限的至理。樂聲給人的感受，和語言給人的教誨，確實是不可同日而語。

張教授原籍是河北，一直生活在日本，出身於日本京都大學。他的本職是關西學院大學的教授，他在關西學院大學主講美學。這所音樂學研究所是他個人，以自己的私產而做的社會教養事業。這樣一位嫺靜而愛美的長者，無怪乎日本兵庫縣要授予他「文化獎」，同時西宮市政府的公報中，對他誨人不倦的精神，倍極讚揚，特別在公報中介紹他的音樂學研究所，並且把這研究所定爲是西宮市的名所之一。

散會後，張教授又陪我們參觀瀏覽，我深深感覺，生活在自己喜愛的工作中，歲月更會給予人成功的力量！這位年逾花甲的教授，兩年前，環遊歐美載譽歸來後，更堅定了奮鬥的決心。他熱愛音樂、熱愛國家以及全人類，是旅日僑胞的楷模。

等到我們告辭出來時，已經是夜幕低垂，萬家燈火，電車中擠得水洩不通了。

（中央日報海外版）

觀中國國劇

歌兒和夏兒從幼稚園開始，就在日本讀書，現在都是高中三年級的學生了，還沒有看過中國國劇呢。

年前聽說大阪華僑總會舉辦新年聯歡晚會，特請「香港春秋劇團」在元月八、九兩日來阪公演，戲目是全本《四郎探母》、《挑滑車》、《紅桃山》，和全本《紅娘》等。我們就將劇情故事講給他們聽，又找到了戲詞，先讓他們讀了一遍。他們倆都問長問短，說國劇像不像日本的歌舞伎？還是像西洋的大歌劇？比日本的「能」又怎麼樣？我說這些都只能比比大概，至於眞實情形，只有等到親眼看到後，才能更清楚了。

中國的曆法，最是正確的，因爲閏七月，冷在後面。去年一開冬，一直都非常和暖，日本人一再的嚷著說「暖冬」。我們看看曆書，現在「小寒」、「大寒」之交，才正是寒冷降臨到人間！

元月八日，雖天氣晴朗，但冷徹入骨。恐怕日本人再也不講「暖冬」了。我們全家一早就商量好，傍晚各自從學校或研究所直奔大阪心齋橋驛。由地下電車爬上來，集合在大丸百貨公司門口，人馬會齊，看看錶，已是五點五十分，於是大家乘計程車到東區北久太郎町南御堂難波別院，爬上三樓，大劇場裡已經鑼鼓喧天，黑壓壓的都坐滿了人；臺前高高懸掛著的「國劇精華」的大橫幅，正散發著溫暖鄉情的光輝。我們還是晚到了半步，初場戲《挑滑車》已經開始了，臺上燈光明亮中，高寵正在爲了保衛國家，奮不顧身的拚命將敵人一輛輛的滑車挑翻下來；高寵是由錢月生飾演，年紀不大，武把子還不錯，他鞠躬盡瘁、死而後已的精采演做，贏得了觀衆熱烈的喝采與掌聲。

《四郎探母》開始，康玉釧飾楊延輝，步出臺來，立刻有人喝采。道白鏗鏘，嗓音清圓，唱腔浩瀚，終是年紀小，底氣稍嫌不夠，可也很不容易了。當他唱「想老娘，想得我，肝腸寸斷；思老母，思得我淚流滿面……」時，我也禁不住，眼淚直奔湧了出來。等到鐵鏡公主答應代他設法盜令，讓他出關見娘，他心情喜悅興奮的高唱「叫小番」的「嘎調」，唱得很好，有點兒像四大名生的譚富英風味，全場又是一番喝采。

董艷芳飾公主，扮相美麗大方，嗓音甜美，道白很是圓潤，「臺步」、「抖手帕」等演來恰到好處，看來是天賦「戲路」不錯。

寶玲芝飾四夫人，唱、做都很感人，「指法」也好，嫻靜的表現了中國婦女的美德。

王大爲飾六郎，穩重老練，咬字、吐音都很清新。再大幾歲，體力強壯，而又再接再厲，該會成爲名生了。

美振亭飾佘太君，「口勁」好，音量寬，能貫全場，「臺風」最好。當楊四郎奔回宋營，楊六郎陪同要拜見母親時，太君全身充滿了感情，急急忙忙的找尋說：「我兒在哪裡？我兒在哪裡？」的時候，我竟心酸腸斷，淚流滿面了……。回想母親的愛，寸寸都是甜蜜的，寸寸都是恩情似海。母親，縱使母親在萬里外，縱使母親在天上，我只要聽到「母親」兩個字，痛思母親的心就如長江大河般的奔流了，我實在把持不住，索性痛哭至全劇完了。歌兒和夏兒不斷的在旁嚷著：「肚子好餓、肚子好餓！」我能一反常態，忍心不理，國劇感人竟至如此喲！

大家忍著肚子，看完了國劇已經是十點多了。歌兒和夏兒急切的要吃晚飯，在寒風下，各種吃食館多已經關了；我們只好急忙叫車子趕到大阪車站，那廣闊的御堂筋大道上，兩旁的銀杏樹發出嗦嗦的抖聲，更顯示著冬夜的嚴寒。找了家深夜營業的小「壽司」店跑進去，那裡已經是「千客萬來」，我們好不容易才擠坐在櫃臺前，大家胡亂點了些「握壽司」、「捲壽司」、「炸豆腐壽司」等，又每人點了個「茶碗蒸」，狼吞虎嚥了一番，已經十一點多了，倒是那碗「茶碗蒸」，步出店後，餘香還留在嘴裡。

歸家的路上，遍地都是結冰的聲音，像是由地底發出著微微的鳴聲，寂靜中嚴寒似乎份外逼人，這大阪市的郊外，好像沉入在寒冷的深淵裡了。天上冷月偷偷的在窺人，我的心仍痛浸在楊四郎別母親的悲慘境中。

九日晚，我們又按時到達大阪市內難波別院的劇場，那時《紅桃山》已經開演，惠英華飾演張月娥，能文能武，也釵也弁。康玉釧飾林沖、林宗珠飾華榮、林振奎飾關勝，武功都有造詣，身手各有千秋，劇藝也都不弱。

《紅娘》劇中，王雪燕飾鶯鶯，「花旦」做工有獨到處，「水袖」功夫運用自如，極有飄逸美。董艷芳飾紅娘，當她被老夫人拷打時，如怨如慕、如泣如訴的唱工，不禁使人陶醉在那「美的旋律」中了。王金聲飾老夫人，造型、唱、白、做都很好。惠英萍飾張生，吐字清朗，嗓音潤圓。姜振亭飾老和尚，身體健壯正是成功的基本。孟景海飾小和尚，如同在《四郎探母》劇中和董雲瑋同飾國舅時，一樣的「打背工」都很好，而且國語四聲非常標準，抑揚頓挫、活潑清新，很是可愛。

記得二十多年前，在北平長安大戲院，看荀慧生的《紅娘》時，她那種「嫵」、「媚」的表情，動人的麗音，「臺風」、「水袖」眉飛指詣，無處不是戲。那種爐火純青、臻於化境的劇藝是否已成絕響了呢？

這一次，「春秋劇團」各位演員唱、做雖不能比擬名家；但是都小小年紀，已有如此成就，確實是難能可貴了。在名師張素秋女士嚴教下，前程一定未可限量！

近來歌兒和夏兒在下學回家後，有時也會哼句「楊延輝坐宮院……」了，被大家丟棄很久的電唱機，現在閒暇時又被他們倆爭著來開用，幾張古老的國劇唱片，又走運了。國劇實在是可以代表我國傳統戲劇的藝術，雖然元曲、崑腔比國劇劇詞更美，可是陽春白雪，終是曲高和寡。在國事坎坷中，唯願這個已經遭受浩劫的民族藝術，有心人能更把它發揚光大！

（中央日報海外版）

令人懷念的中國國樂團

記得那是一九八四年五月二十二日，日本天氣溫和怡人，那天傍晚，大阪、京都、神戶、奈良各地僑團代表以及許多僑胞們，齊聚在大阪伊丹機場候機廳裡，迎接張宗棟團長率領的中華民國國樂團，華僑小朋友馬麗英代表獻花致敬，候機廳裡歡欣喜悅的掌聲久久不停。

旅居日本的僑胞們，飽經憂患、歷盡艱辛，人人都爲了生活繁忙，懂得或愛好國樂的人是稀少的。可是，大家聽說這個中國國樂團是多麼的好，所以，僑胞們都在演奏的前幾天，就已經先買好了樂票，等待欣賞這美好的國樂演奏了。

由大阪梅田駛往 Symphony Hall 音樂廳的一段不遠的路程，沒有公共汽車路線，電車只是一站路又不能直達，計程車又嫌路近不歡迎乘客，大家只好快馬加鞭徒步向前奔了，說近吧，也要十五分鐘。京、阪、神、奈的僑胞們，還有遠從北海道來的日本天理教的教友們，他們是自己租了專用巴士趕來的。當我們馬不停蹄的到達了這所音樂廳的大門前時，門口層層臺階上，都已被人們擠得水洩泄不通。服務員親切招待引導，我們進入廳內時，悠揚情深的中國國樂，已經輕彈柔擊的盪揚著，那熟悉的樂曲、溫暖的鄉音，像是醇醪，使勞苦奔忙的人群興奮快樂，禁不住歡欣的眼淚奪眶而出。

我們對照座號找到座位時，圍繞著樂壇的座位以及樓上、樓下，都已經是黑壓壓的坐滿了聽衆。這所 Symphony Hall 音樂廳於一九八二年十月十四日落成，是專爲了演奏古典音樂而建築的，廳裡裝有巨大的管風琴，以及升降式的、懸掛式的、無線電晶體的和嵌在樂臺上多處的音響板，不但優雅美觀，而且樂聲奔盪輕馳，正好繞樑迴轉。

樂壇正面懸掛著巨幅的中、日兩國國旗，來自中華民國的男、女演員們溫文儒雅、精神充沛，每人都穿著傳統的中國服裝，令人倍感親切。站在臺中央指揮的顧豐毓先生戴著眼鏡、穿著長袍，面貌神態純是典型的中國青年人，他優美的指揮動作，更表現了樂境的高尚。欣賞著國樂的我們，怡然靜穆，益增故國情思。

樂壇上開始演奏《北將軍令》、《春江花月夜》，都是中國傳統的樂器，有琵琶、曲笛、笙、簫、箏、揚琴、太鼓等等，樂聲充滿了溫馨，贏得聽衆們熱烈的掌聲。當演奏《湖畔情歌》、《陽春白雪》名揚古今的樂曲時，我們更飽嘗了中國國樂的饗宴，滿場更鼓起了雷動的掌聲。接著是奈良天理大學雅樂部應邀演奏《王昭君》，他們也都穿著中國傳統的服裝，奏著中國傳統的樂器，象徵了中、日文化交流。樂聲哀切，表現了王昭君出塞時的悽涼孤寂，大家靜靜的好像呼吸都停止了。直到《美哉阿里山》和《彩鳳飛翔》演奏時，我們才驚醒過來，樂廳裡飛滿了悅耳樂符，這新的樂曲創作，又說明了國樂正在創新求進，曲調活潑喜悅，充滿生機。當邱玉蘭小姐獨唱《茶山情歌》、《王昭君》，高丈二先生獨唱《康定情歌》、

《一根扁擔》時，全樂廳裡又掀起了熱烈的掌聲。他們兩人全身無處不是樂符，姿態高雅、風采動人，歌聲爐火純青，震顫著大家的心弦，盪氣迴腸又繞樑，直至今日餘音仍猶在耳，令人不勝懷念！

國樂如此感人肺腑，確實給旅日僑胞帶來了無限喜悅興奮。最後合奏《喜慶》、《評劇小韻》，更是樂聲、琴聲悠揚動人，大家對國樂的情感已達到了高潮，不斷的震起高呼——Encore、Encore……，原已唱完、退了場的邱、高兩爲了答謝聽衆再度出場，又合唱了一曲《小河流水》之後，這場既圓滿又豐盛的演奏才結束了。餘下來的是樂廳中所充滿的美的怡悅、美的輕快。國樂實在是感人肺腑的美麗花朵，令人永遠懷念！

一九九五年秋

（明道文藝）

青年學生要青出於藍

本校創立三十六週年紀念日到來了，多年以來，本校承蒙政府指導及熱心教育僑胞的支援，在本校全體師生努力之下，使得本校各方面都能有了相當進步；只是至今尚未創辦高中，是爲美中不足。我們的畢業生，每年不僅百分之百都能考入現地的高中，而且，有百之九十以上能考入國、公立高中。這包括了民族道德教育及各學科的成績，都已合乎高度水準。雖然已贏得了我公正僑胞及日本教育文化界的稱讚，本人及全體同仁更無時不在戰戰兢兢相互勉勵、相互鞭策，爲教育僑胞子弟貢獻出最大的努力！可是，教育事業乃百年樹人大計，任重而又道遠，更需要我們誨人不倦，學而不厭！

荀子在勸學篇裡說：「君子曰：『學不可以已，青，取之於藍，而青於藍。冰，冰爲之，而寒於水。木直中繩，輮以爲輪，其曲中規，雖有槁暴，不復挺者，輮使之然也……。』」教育工作，責任實在重大，要教我們的學生「取之於藍而青於藍」……。所以，我們教育工作者，必須不斷的努力教學！不斷的努力學習！不斷的研究！

記得小時候，老師教我讀勸學篇的時候特別說：「要好好地求學上進，不可一日稍停，要青出於藍！」當時，我大不明白這個意思。後來，在高中、大學，我又讀到荀子的勸學篇，一次比一次的更加明白它的意思了。學，是不可以停止的！爲了教學，更不可以停止學！要教好學生，必須自己要無時不學！孔子曾說：「吾嘗終日不食，終夜不寢，以思，無益，不如學也。」荀子也曾經說過：「吾嘗終日而思矣，不如須臾之所學也。」這都可以證明學的重要了。尤其是在人類文化進步、科學昌明的現在，我們身爲教育工作者，更不可以自己不學習地去教人。教，固不可以須臾稍停；學，也是不可以須臾稍停止的！

每天早晨，當我步入僑校大門口時，我都深深地想——不但要教學，更要自己學！昨日我們教和學了些什麼？今日我們要教和學些什麼？學和教是分不開的！要隨時不斷地教，就要隨時不斷地學！要在舊的學問上建築起新的學問！要新的學問比舊的學問還要好！要日日新，又日新，苟日新！身爲教育者，要獻出最大的愛心和持久的耐性來教導學生！要使學生「青出於藍而勝於藍」！要日新月異，僑校、僑社和國家才能進步！

教育事業原是必須由從事教育工作者，自力自強努力來做的，每一位教師正應該積極努力地學新的知識學問來教學生，要他們「出於藍而勝於藍」；同時，教育事業更需要社會各方面的支持和尊重，才會收到更大的效果！所謂「師尊而後道重」，這乃是天經地義的！

今天，欣逢我們大阪僑校三十六週年校慶，深望社會人士提高尊師重道的傳統，加強對僑校的愛護和支援，使我們的青年子弟能有一個更好的接受教育的環境，使能獲得「青出於藍」的最高的教育效果！這是我們最大的快樂與期待，更是我們努力的目標！教育工作實在是任重而又道遠，本人願與全校同仁獻出最大的努力共同勉進！

大阪中華學校四十週年校慶

本年六月十日，欣逢本校創立四十週年校慶，面對著一群身體正在成長、心智正在發育的青年僑胞子弟，益感教育工作責任重大。慧琴接掌本校以來，時時竭心盡慮，戰戰兢兢與在校全體老師戮力同心，共同爲教育我僑胞子弟獻出最大努力。深知教育事業雖不能立竿見影，急功求效，但百年樹人，實爲國家民族之大本，又爲我下一代僑胞今後在現地求生存、謀發展之重要基礎，誠是任重而又道遠。

教育的目的，不但在傳授學子智能，尤其重要的是培養學子優良品德與機敏的頭腦和行動。現在科學發達，時代日新月異，人類生活水準與日俱進，生活方式亦急劇改變，我僑胞子弟，如不能及時趕上並超越此一日新又新的時代潮流，那麼勢必爲時代所淘汰或摒棄，更如何能求今後之更大發展？是以，本校教育目標，一方面發揚民族精神、自治精神、國民道德，培養學生健全的科學的生活智能；一方面尊重現地的環境、適應現地的需求，培養學生也能在現地升學或就業的能力。因此，本校一切教育措施，亦均以此兩大目標爲準繩，以求負起此雙重之任務。

本校現在設有幼稚班、小學、中學暨專修部四個部門。其中，除專修部乃是以教授中國語文爲中心的成人教育之外，小學、中學均爲我國現行的國民義務教育。

幼稚班乃教育學齡以下幼兒之神聖場所，以保育爲中心。小學乃是義務教育的基礎，以普通之初級教育爲重。中學則是在小學義務教育基礎之上，一方面著重學生升學深造的能力的培養，一方面著重畢業以後服務社會智能的鍛鍊。是以本校在教學課程方面，幼稚班設有戶外遊戲、生活教育、唱歌、說話、健康教育、美育、圖工、韻律活動等課，以達成幼兒身心及性格健全發展。小學則設有國語、算術、自然、史地、公民、日語、英語、體育、音樂……等課程，以完成人生教育的基礎。中學則設有國文、英文、日文、數學、理化、公民、歷史、地理、博物、技術、家庭、保健、音樂……等課程，以充實生活的智能及打好升學基礎。全校生活訓練方面，則實施唱遊、習字、美術、整潔、服務、國語、作文、英語、日語、田徑、球類、舞蹈等各種比賽，以及遠足、旅行、登山、游泳、參觀、見學、露營、遊藝會、聯歡會，以及與日本和其他外國學生間之聯誼活動，以好養成學生競爭進取與互助合作的團隊榮譽服務精神。

此外，尤重要者，則爲民族精神教育，幼稚班及小學以倫理爲重，講求爲人做事的態度，在家庭要孝敬父母，對兄弟姐妹要親愛，在學校要尊敬老師，對同學要和愛。在社會要愛同胞、愛人類，要和平、光明、正大、誠懇。中學則更加強此一陶冶，以「禮」來教訓我青少年子弟互助合作，守法、守紀律、守秩序。以「義」教訓我青少年子弟任俠、果敢、有勇氣、肯負責、肯犧牲。以「廉」教訓我青少年子弟刻苦節約，辨別公私，守職戒越。以「恥」教訓我青少年子弟自立自治，能奮鬥、知進取，以培養有為有守、仁愛寬厚、勇敢活潑，具備群體生活習慣與現代科學精神的中歌兒女。以好參與三民主義統一中國的偉大行列，爭取最後的成功勝利。

至於教育者態度，乃「以身作則」，應有「誨人不倦」、「有教無類」的精神。教育工實在是一項非常艱鉅的工作，身為教育工作者，首重「克己復禮」，要以人格感化學生，要注重本身的學識修養。教師是青少年的模範，教師一舉一動、一言一行，都影響學生甚大，所以一時一刻不可苟且。教育的最好方法，更是以自己的人格來感化學生，這種人格感化的力量，無形中至為巨大。古人說：「一日克己復禮，天下歸仁焉。」「君子之德風，小人之德草，草上之風必偃。」都是說人格感化力量的偉大。

教育的最高效果，則是變化氣質。我青少年子弟能在教育者的人格教導化育之下，個個成為態度磊落、胸襟光明、正正當當、活活潑潑的有用人才，自然都能繼承弘揚我中華文化。「天行健，君子以自強不息。」我中華民族將永遠屹立在世界每個地區。

旅阪僑胞艱辛中興建本校，惠及僑界，功在國家。過去四十年之間，感謝政府指導支援，感謝諸位熱心教育的各位僑領出錢出力，以及本校過去的各位校長、各位老師的努力之下，已經使本校奠定下良好的基礎。今後本校更要在這個基礎之上努力奮發，以更大的努力，承當起教育僑胞子弟的任務。現在美中不足者，便是本校尚無高中，以致使我僑胞子弟不能接受更多的祖國教育，亦不能使我僑胞子弟逕升入國內及日本或其他國家的大學，深有「中途半端」之感，所以早日興辦高中，實爲本校現階段中謀發展的最大目標。

當此創校四十週年之際，特寫此短文以爲紀念。藉追溯本校既往並檢討目前工作，更計畫本校未來的遠景，以與本校同仁相互勉勵、相互鞭策。並謹請教於海內外熱心僑教人士之雅正。

（一九八六年六月十日）

杜子春的愛心在日本

前天傍晚，打開電視機，想要看看標準時間，無意中撥到了「奈良市立春日中學校」的皮影戲。一群中學生正用手操縱著小巧的皮偶，嘴裡又侃侃的講話，非常逼眞熱鬧。螢幕上的皮偶們隨著吆喝聲，比劃得十分起勁。樂聲悠揚迴盪，觀衆們聚精會神的欣賞著這種古老的民間藝術。有些老先生、老太太戴著老花眼鏡，竟然看得眼淚滂沱。我也趕忙停止了煮飯的工作，坐到電視機前盯著瞧。原來這齣皮偶戲正演出《杜子春》。我感到了溫暖鄉情的光輝。

《杜子春》的內容，由杜子春在人世間，也就是所謂俗世上所過的種種生活，由富到貧、由貧到富，再由富到極端的窮奢極欲。再由極端的窮奢極欲又貧到一貧如洗。這樣反反覆覆，在華山老人（老道士）的安排之下，也可以說在作者的欲揚故抑，或卻抑故揚的手法之下，終於使杜子春醒悟了人間的是非，體會到人生的虛無。在辦完了他認爲應當做的撫恤族人的事業之後，他便照著老道士的約言，去了華山雲臺峰。這齣皮影戲又連續演著杜子春到了雲臺峰之後，在護衛煉丹的丹爐前時，所經歷嘗受到的許多恐怖的幻境，從蠻橫的大將軍及他的隨從們要殺害杜子春，逼著杜子春開口說話爲始，其後經過了猛虎、毒龍、雷電、洪水……種種的迫害。惡魔把他的妻子也找來施以許多迫害。又殺掉他，把他的靈魂投到地獄裡，使他受到鎔銅、鐵杖、碓磨、火坑、鑊湯、刀山、劍樹……種種的迫害。又把他的靈魂轉生爲女性，使他又受到種種災難的迫害，逼著他開口說話，他都忍受著難以忍受的痛苦，堅守住和老道士的誓言，沒有哼過一聲、沒有吐出一個字。一直到了最後，在幻境中的杜子春看到自己的兒子，被摔得血漿四流，悲慘的死時，杜子春禁不住開口「咦」了一聲。於是各種的幻境消失了，仙藥的煉製失敗了，丹爐被炸毀了。杜子春也不得不回到長安市上的現實生活中了。杜子春很是後悔。後來，杜子春又去雲臺峰憑弔一番。可是，一切都是無可奈何了。這群中學生的皮影劇到此就結束了。

綜觀這齣皮影戲紀律嚴整，操縱逼眞，音樂非常現代化。道白對話口齒清晰，所以表情豐富，緊緊的扣住了觀衆們的心弦。中學生們演作如此美好，眞是聰明可愛。

我仔細重讀《杜子春》原文，它的結構實在是非常完整的。修辭是「華」與「實」並存的。它的展開，一步步升入高潮，故事的曲折穿插等，都已經到了爐火純青的地步。杜子春雖然遍歷了千辛萬苦，已經擺脫了人間的喜、怒、哀、懼和惡欲，可是，仍舊擺脫不了「愛心」，尤其是未能擺脫慈母對子女的「慈愛之心」。原文作者說出了「母愛」的偉大，正是許許多多人所以愛它「人情味深厚」的最重要的地方，也正是「奈良春日中學校」皮影戲贏得了觀衆們許多眼淚的原因。

記得我在國內時，大家對《杜子春》的作者，就有兩種說法，一種說法是鄭還古作的，一種說法是李復言作的。這是屬於文學史上的考證，我們暫時不談。杜子春的作者不管是誰，它的人情味寫得實在非常濃厚，令人越讀越愛。

唐代傳奇小說裡，屬於「神仙」類型的作品，流傳到今天的雖然很多，可是，《杜子春》的人情味寫得最是濃厚。還有，《杜子春》作品之中，除了表現唐代的遊俠思想、道家思想外，更濃厚的透露出了佛教的思想。可以說它差不多已集聚了唐代傳奇特徵的大成。而且，這篇作品的完成，從孕育到成立，是很複雜的，是有它的久遠的歷史背景的。《太平廣記》所載的〈蕭洞玄〉的故事、《大唐西域》所載的〈烈士池〉的故事、《列仙傳》所載的〈費長房〉的故事，都可說是它的源泉了。

（中央日報副刊）

嵐山的紅葉

又是一年一度的賞楓季節。

日本是個蓬萊仙境的島國，氣候上得天獨厚，冬天不太冷，夏天熱的時間很短，春天一直溫和宜人，秋天紅葉既多又極美麗。日本紅葉的到來，正好和櫻花相反，櫻花是從南開向北，從山下開向山上的。紅葉卻是由北紅到南，由山上紅到山下的。日本把這種季節的分水嶺叫做「前線」。紅葉的「前線」始自北海道，每天大約以二十公里的速度向南推進，紅到關西，大約是十月下旬。每年當這個紅葉滿山的季節到來的時候，縈繞在我心中的一段往事，總會又掀動著我的心情。

小時候，元姐最疼愛我，夜晚做算術習題總是攪得頭昏腦脹，常常懊惱的丟下鉛筆去睡覺，元姐都是耐心的教我、陪我，一直等我把習題都啃好，她才高興的和我一塊兒回到臥室去休息。

元姐比我大十一歲，在我們兄弟姐妹五人中，和我最合得來，也最照顧我，常常給我講故事，譬如秋瑾女士呀、賽金花、慈禧皇太后、楊貴妃、武則天什麼的……，許多名人逸事，也都是元姐最先講給我聽的，她知道的眞多。元姐喜好文學，寫一手好毛筆字，英文說得更是呱呱叫。從我記事以來，她總是鼓勵我努力向上；又常常告訴我，做人一定要有志氣、要有骨氣！

那是一個晴朗的秋天，但是，僑居在日本的我們，卻如熱鍋上的螞蟻。因爲，就是那年的七月七日，日本軍閥在蘆溝橋畔發動了侵略戰爭，我們全家都惶惶不安。那年正好是元姐在北平的大學畢業，過去一放暑假，她總是早早返回家來，可是，那年她回來竟特別遲，直到九月底，才回到大阪。和她一同來的，還有一位陳君，彬彬有禮，態度非常和藹，說一口標準國語，聲音很是柔和悅耳，聽說他是北京大學法律系畢業的高才生，學問好、人品好，性情脾氣都好。爸爸媽媽好像都很喜歡他，爸爸總是口口聲聲「陳君、陳君」的喊他，媽媽要我們叫他陳大哥。我從一開始就學著爸爸般，老氣橫秋稱他爲「陳君」，弄得大家哄堂大笑，而我也由陳君那裡，得到了這樣稱呼的專利。

陳君來我們家不久，似乎已經成了我們家中最熱門的一員，尤其是我們孩子們更沒有一個不喜歡他的。陳君和元姐不知每天都常談論些什麼，有時爸爸媽媽把我們小孩子們攆開，也在和他們一起議論著。總之，有一天，元姐和陳君告訴我，他們要去北海道尋賞紅葉的「前線」，並且也可帶我同去，我眞高興得不知天高地厚。從不容我請假的元姐，那時竟也幫我弄好小學的請假單，請好假。我們一直由北海道、仙臺、箱根、富士五湖再轉到信州，才回到大阪，眞是玩得高興極了。有些地方也都已經紅葉遍山，層層疊疊，山巒、山谷以及山坳人家的圍牆裡，都已紅得似火，像鼓動的鮮血、像燎原的炬火……，眞是美麗萬分。陳君和元姐也好像展開了愁眉，容光煥發，天天有說有笑，我也分享了許多快樂。可是，我們回家不久，警察老爺來我們家訪問了。

陳君決定提前回家，元姐要料理好這邊的雜事之後再走。就在離別前一天的下午，他們又帶我一同去京都嵐山賞楓了。嵐山離我家很近，乘阪急電車，在「十三驛」的月臺上換車，大約是四十分鐘就到達了。那時，紅葉已經染遍了嵐山的村野，燦爛綺麗，如鐵錦、如地氈、如彩繪……，充滿了浪漫而又富有熱情，眞是使人歡欣欲醉。然而，陳君似乎沉重萬分，一對深湛的眼神裡，充滿著憂慮和堅毅，元姐更是默默的很少說話。當他們兩人閃著淚光的眼睛對望時，我也心亂如麻，想不出什麼話好安慰他們。後來，我們在嵐山的大堰川裡划船，三個人坐在小船上，任船兒悠遊的盪著，在波光盪漾中，我看元姐的面容，更加嫵媚。我們姐妹中，元姐最具有故鄉蘇州典型的美麗。她明亮的眸子，含著十分憂傷的情意。陳君低頭不停微喟著，彼此都沒有說什麼。沉默的空氣，重重的壓著我的心胸，我竟不敢深深呼吸了。暮秋天氣，山水湖水，涼人心脾。人生正如滿山的紅葉，是多麼美麗可愛。然而，寒風吹起來，再怎麼美麗的紅葉，也要落英紛飛了。

陳君把小船划過渡月橋，在百樂亭前靠岸，三人坐在亭裡的茶室中，每人叫了杯燙燙的紅茶，那淡淡的幽香，使人心靈沉靜陶醉。陳君啜著紅茶沉痛的說：「日本軍閥的鐵蹄，已經由華北踏過了長江，中華民族正面臨著狂風暴雨、危急存亡的時候，我們青年人，雖赴湯蹈火，犧牲到最後的一滴血，也一定要保衛民族國家……。我雖然先走了，可是，不久我們會在祖國的國土上重見。希望你也不要在這裡待得太久，更要多保重自己……。今天，嵐山的紅葉太美了，太讓人留戀了。」大家默然了很久，元姐的淚珠兒不停的從眼角滴下來，浸透了她的面頰。

這時，彎彎的月亮高懸在夜空裡，對岸閃爍著萬家燈火，霓虹燈光倒射在大堰川的湖面上，湖風吹來，更增加了寒意，冷入心腑，我也難過得掉下淚來。

人生聚散太無常，第二天一大早，媽媽、元姐、二哥和我一同送陳君到神戶港，乘船回中國。在淋漓盡濕的碼頭上，我們牽著終於斷了的飄揚的五色彩帶子，陳君含淚的眼睛似有萬般語言，元姐抹著淚水，我一陣陣酸楚，再也抑制不住眼淚的奔流。他倆就那麼悵惘沉默的分手了。汽笛響起來，船身蠕動了，駛向港口，駛向大海，載了陳君的輪船，越看越小，外海是水天一色，波濤洶湧，一切都在煙霧中消失了。

我們回家後的第二天，元姐就被警察請了去，從那以後，絕對不許元姐離開日本。

時光流逝，八年後的楓葉又將紅滿山頭的時候，秋風給旅日華僑帶來了歡欣萬分的喜訊——抗日戰爭勝利了。多少家人團聚、多少親友重逢、多少有情人終成眷屬……。可是，風度翩翩的陳君卻音信杳然。我們全家寫信給成都、重慶、蘭州……的親友們，請他們幫忙尋找陳君。過了不久，回信陸續來到了，都是同樣的說：「怎麼找，也找不著陳君……。」元姐臉上的笑容一絲兒也沒有了，每天惘然的打開信箱，悵然的呆立著，眼裡滿是淚水，久久守著信箱不肯離去。我偷偷的抹著眼淚，心跳厲害，非常爲元姐的健康耽擔心。從陳君對元姐的一往情深，以及他的教養和道德觀念來判斷，他不會是個無信義的人喲?!

秋去冬來，窗外的天空、山色，都是一片朦朧的白色，樹枝上壓著沉甸甸的初雪。那天中午過後，郵差穿著厚厚的外套，騎著腳踏車在皚皚的雪地上駛來了，送來了一封航空掛號信，元姐欣然的拆開來，是蘭州的姨母的親筆函，她這樣的寫著：「陳君在第三次長沙大捷時，爲國成仁了……。」元姐臉容陣陣蒼白，傷心的痛哭了。我們全家都禁不住悲傷流淚，上帝何如此薄待於人？我的元姐癡癡的等了八年，眞是「人生常恨水常東」嗎？……

今年的賞楓季節又到來了，這詩情畫意的紅葉，不但把青年人逗得熱情奔放，也把老年人的回憶現在眼前。「滿山秋景關不住，一片紅葉寄相思」，這是多麼令人觸景傷情、多麼孕育著愛情的熱意和微微的傷感寂寞呢？我親愛的元姐，一直沒有結婚，她最喜愛紅葉，常常說紅葉是了解她的。她沒有任何奢望、任何祈求，她只是熱望著中國強，熱望著中國屹立在世界上，熱望著中國同胞和世界上其他國家的人民一樣，都能夠過著像人的生活……。

昨天，元姐和我又去嵐山探索紅葉的「前線」了。我們坐上了阪急電車，又聽到車上錄音廣播說：「去京都嵐山在十三驛換車，京都嵐山、京都嵐山……」元姐聽到「嵐山、嵐山……」的呼叫聲時，她大概又綿綿的回憶起和陳君賞楓的種種情景來了，她坐在車中翻來覆去的說：「陳君是愛國勝於愛自己的……。」四十分鐘很快的過去，我們到達了嵐山，又徘徊在大堰川畔，紅葉依妥舊綺麗如彩繪，遊人仍如織。寂寞的元姐要我一同再去到那年和陳君飲茶的百樂亭去，紅葉層層的包圍著百樂亭，座前就是大堰川。我和元姐坐在竹椅上，默然望著環山的紅葉，在斜陽的映照中，元姐淚痕滿臉斷續的說：「你記得有人說過『嵐山的紅葉太美了，太讓人留戀』了嗎？匆匆已是三、四十年了。人生如夢，一切都不過是過眼雲煙啊！」她默默的啜著燙燙的紅茶，茶很濃、很苦澀。山野裡的太陽下山時，倍是光亮。映照著元姐嚥下一口一口苦澀的紅茶，她苦澀的說：「紅葉題詩是引人入勝的，『流水何太急，深宮盡日閒，殷勤謝紅葉，好去到人間。』古時候的人，隔著深深的宮牆，也阻不住相思的情意和偉力，不知道離開了世界的人，紅葉能不能寄語呢？……」元姐又伸手摘下一些紅葉，投在大堰川的水面上，水波漂載著紅葉流去了，它們能夠尋找到陳君嗎？能夠傳遞元姐的情意嗎？……我們對坐在茶室中，晚風吹著竹葉，颯颯作響，寒意侵襲著我們，元姐和我都變得更爲沉默，只感到時光太匆匆。我望著元姐斑白的鬢髮，依然有著年輕的美麗。元姐竟向我投來了深邃而寂寞的微笑說：「誰知一別就是永訣，他是爲國成仁的，死得勇敢。只是，始終不知道他葬在什麼地方？你知道，他是愛我的，我的生命是充實的。爲他孤獨一輩子，也是充實的……。」我實在爲元姐的寂寞痛心，可是，我愉快振作的說：「愛國不分男女，年齡更阻擋不住任何人報效國家……。最重要的是自己要珍重自己的健康！抗日勝利後的三十多年，大陸上的親友同胞們，都掙扎在文革血腥的暴政下、掙扎在慘無人道的迫害中，活著不如死。自由地區、海內外的每一個中國人，更應當如何砥礪？合力同心早日回到大陸，世界上許多做大事的人，都是五、六十歲。元姐，我們還年輕，正可以爲國家做許多事……。」元姐傷痛中，仍有著那股不屈不撓的堅毅，對著傲岸於霜風中的紅葉，振奮的語重心長的說：「好呀！我們先回到祖國見學見學。走，明天就辦回國手續去！」（中央副刊）

中藥在日本

我家隔壁的中村美智子小姐是大阪外大的學生，常常看到她放學回家後，紮起圍裙在廚房裡洗刷整理。有時，她和我湊巧一塊兒打掃門前的馬路或水溝時，我們就聊起天來。她總喜歡將日本一些事物和中國比，她最喜歡中藥，她說她的母親時常傷風感冒，一直都是堅持吃中藥醫治。她像中國人一樣的孝順，要忙著爲母親煎藥；中藥的香味她不但習慣而且有些嗜好了。我勸她請個下女幫幫忙。她笑了，笑得臉上像是燃燒起來似的紅而美麗。她說：「你不是比我更明白嗎？很不容易請到下女呀！越是文明地區越請不到下女，人們都到工廠、商社做事去了。自己的事情，只有自己做。將來人類的字典裡，恐怕找不著下女、傭人等字眼了吧？」我很喜歡她快樂的談吐、甜美的嗓音，很有魔力的盪漾在空中。

「冬至」前後正是晝短夜長，日影過得很快，才五點鐘，已經是暮色蒼茫了。回到家裡剛點起燈來，忽然聽到美智子小姐焦急的叫門聲音，我開了門，看她一臉不安的神色，忙不及待的遞給我一張紙條，同時說她的母親又發熱、又惡寒、又瀉肚……，並且問我紙條上的藥較往常稍微更動一下好不好？我吃了一驚，被她的問題難住了。燈光下，我看清楚了紙條上寫著：桂枝、紫蘇、廣皮、乾薑、茯苓、大棗等。我一時摸不著邊際，眞是又著急又不好意思，只有極力的鎭靜著。猛然想起小時候在家鄉，遇有姐妹兄弟偶然患個小毛病時，我慈祥能幹的母親總是自己開藥方，曾幾何時，我常常拿著慈母的藥方跑到藥房去買藥；清晰的記得母親的藥方眞是百發百中。說來痛心，多少年來離開了母親，自己卻只會看西醫了。我再三琢磨了幾遍，急忙將家中的《金匱要略》、《靈樞經》、《神農本草經》、《難經》、粗枝大葉的翻了一翻，於是我拿筆在她的紙條上添上了甘草、厚朴。並且把她訂的分量少少更動了一下，同時再三叮嚀她到漢藥店時，一定要再仔細問明白，千萬不可大意！

送她出門，在寒流中，看著她健美的背影，急速的消失在牆角處，冷徹的月輪像一面冰盤掛在天際，映照著淨潔的大地，更增加了冬夜前奏的寒冷。

我慚愧的進到屋裡，大家吃過晚飯，夜課時，我默默的坐在暖桌前的榻榻米上，眼前顯現出馬路邊無數「漢方藥」的大廣告牌，還有那散在各地的漢藥店。日本人叫中藥是「漢方藥」，專家們叫中藥是「生藥」，怪不得日本的大都市、小城鎭，幾幾乎到處都有「漢方藥」店，原來日本人竟是如此的喜愛中藥。

第二天清晨，我到隔壁探望美智子母親的病況。這位五十多歲但已白髮滿頭的中村桂子夫人，是專攻日本文學的，毛筆字寫得好極了，說起話來，低而清細，娓娓動聽。她已經服過了中藥，肚瀉較好，精神又恢復平日的安閒。她快樂的對我說：「中國醫學隨著中國文化傳到日本，曾經在日本盛行過很長的時間。可是，近幾十年來，西洋醫學氾濫了日本；然而中國醫學的崇高價值，仍是根深柢固的留在日本人的腦海裡。大家都知道中國醫學是配合著陰陽五行的自然原理，醫治病人時，只以局部症狀爲副；而病人的體質和全身的狀況才是投藥的主要標準，這就是中藥的『對人療法』。可是，西洋醫學卻正相反，完全以病人局部症狀爲醫治的主要目標，而以病人的體質爲副的『對症療法』。也就是說，頭痛醫頭，腳痛醫腳了。你是中國人，一定比我更清楚明白是不是？」

這時，美智子小姐拉開格子門，端著煎好的中藥進來，外面的冷空氣一下子竄進屋裡了，桂子夫人被清晨的寒冷激得抖了抖肩膀。接著又說：「近些年來，日本人又重新重視中藥了。日本藥理大會、日本生藥學會，還有各種醫學會議上，都有許多專家先生們，提出了中藥的研究報告。東京日本橋的藥局大廈裡舉辦了中國藥講習會。還有東京大學、北海道大學、富山大學以及日本的幾家第一流製藥公司，都分別在各地進行人工栽培藥草的研究工作，聽說已經獲得了相當成功。又爲了研究平地和山地所栽培的藥草成分是不是相同？富山大學又在海拔五百到兩千公尺的立山山腰裡，計畫開拓九個藥草園，專門栽培各種藥草來供大家研究。如果成功的時候，就要進行大量生產了。現在日本國內所需要的中藥的原料，一半還是仰仗國外進口呢。譬如像傷風的防風、咳嗽用的麻黃，以及解熱用的犀角、黃連，解毒用的熊膽等，大都是由國外輸入到日本的……。」

美智子小姐溫柔可親的插嘴說：「我媽媽最喜歡跟人談論中國醫學，特別渴望跟中國朋友談論中國醫學！」

桂子夫人暫時沉默了一會兒，像是體味著中藥的奧妙。咳嗽了一聲又說：「中藥近些年來爲什麼在日本又盛行起來了呢？最簡單的原因，就是西洋醫學的『對症療法』，藥品作用顯著，功效快速；可是，萬一用錯了，反動性非常可怕。往往一不小心，就發生了生命危險。然而，中藥比西藥的安全性確實高，中藥的效果似乎比較緩慢，如果萬一用法錯誤，很少發生生命危險呢。所以消費者重新重視中藥了。消費者不斷的增多，於是又引起生產者的注意和研究了！」

我也想起十七、八年前，人們爲了注射「盤尼西林」藥針，常常有人立刻死亡的事。還有五、六年前在日本大流行的瓶裝感冒藥，也曾吃死了不少的人，眞是不寒而慄。

桂子夫人臉上明顯的露出了笑容，聲音裡充溢著眞實的感情，如數家珍似的滔滔背誦般又說：「中藥據說是由神農氏發現的。當然神農氏這人是否眞的存在，到現在中國歷史上還是沒有解開這個謎！但是，中藥確實是我最佩服的。《神農本草經》是世界上第一部介紹中藥的書籍，最初所記載的藥草只有三百六十五種，後來慢慢增加，一直增加到兩千多種了。當神農氏發現藥草後，黃帝和臣子岐伯等又創造了一套醫學原理。直到秦、漢時代，有基礎、有系統的中國醫學理論才正式完成了，也正是中國醫學傳入日本的開始……」

美智子小姐洋溢著熱烈的情愛，深怕桂子夫人累了，勸阻她的母親，同時向我微笑著說：「我母親對漢方藥的一套理論，我隨時可以背出來。日本研究漢方藥非常有名的富山大學的和漢藥研究施設長木村康一教授曾說：『研究漢方藥必須有組織的把每種藥草用科學方法抽出它的有效成分加以實驗，然後進一步發掘證實它的效能。現在難治的癌症、糖尿病等正是研究中醫的重點。將來我們要增設一所專門使用中藥醫治病的專門醫院……。』還有東京大學教授高木敬次郎和千葉大學教授宮木高明等都稱讚：『中藥是最理想的家庭常備藥和保健藥。』這些專家們的話大家都曉得是不是？』

桂子夫人聽得高興，放聲笑了起來。她那纏綿不斷的傷風，好像已經完全好了。我也彷彿上了一堂中國藥學的課了。

（中央日報副刊）

第三輯　日本的風俗習慣

大阪城

我住在大阪，可是，去大阪城的次數並不太多。也許離得太近了，反而不覺得稀罕。然而，大阪城，在我所看過的許多日本名城之中，恐怕是最雄壯的一個了。那高高的城堞、雄厚的門關、深深的護城河、高聳天際的天守閣……，在在都描繪出古人的胸襟雄偉闊大。這絕不是原子時代的電子計算機下，能蓋數十層的高樓的技術人員所可以想像得到的。現在的建築高是高了、大是大了，可就沒有那種純樸的、盎然的豪爽之氣，這雄壯的大阪城，表現了古代文化的光輝，使人發出思古的幽情。現在，這純樸的大阪城，是膾炙人口的觀光勝地了。

我去看過大阪城的櫻花，花團錦簇，如雲似霞，景色優雅美麗得不可描畫。每年四月十日前後，尤其是夜晚，燈光明輝，櫻花份外燦麗，在櫻花樹下，曾與面不相識的遊客，拍手歡唱，放歌長吟。也曾彳亍在那落英堆中，空悲豐臣秀吉家的興亡。我也曾在仲夏的黃昏，上到天守臺的巨炮之下，遠眺大阪市的萬家燈火，細聽流螢的歌唱……，習習的晚風，使人暑氣頓消。天守閣外的燈光，照耀著這雄偉的建築，直映向無垠的夜空，那夜空就是背景，這閣樓才是畫標，惟其夜空的廣大，更托襯了樓閣的雄偉。尤其這樓閣的雄偉，更顯現出夜空的無垠。遠處的塵囂，似是隱約可聞。燈光激射中，大阪城實是美麗璀璨。我也曾去看過大阪城的楓葉，那詩情畫意的紅葉，綺麗如彩繪的時候已過，而是落葉遍地，在那日光返照的艷麗中，隨風起舞，任是園丁辛勤，也掃不盡那麼多的殘葉。除此之外，我眞是很少再去大阪城了。

但是，卻有一個例外，就是今年的春節，這一年中最歡樂的日子。現在日本，只有中國學校團體放假的日子，家中上班的上班、上學的上學，我一個人坐在屋裡，滿懷故國情思。我穿上厚大衣，戴上圍巾，馬路上信步走走，又習慣的坐上阪急電車，到了大阪市內了。天空正飄著雪花，紛紛揚揚落在參差高低的屋頂上，落在平坦的馬路上，雪地裡踏著碎瓊亂玉，竟走到了大阪城，獨自登城，通過了雄壯的大手門，細數門上的鐵釘，站在那巨形的石垣前，冥想著過去的人們，如何開採？如何搬運？如何勝任那麼艱辛的工作？我再進入櫻門，直到了天守閣下，四望白茫茫中，雪光映照得大阪城更加古樸明亮。我登上天守閣，正好欣賞大阪城的雪景，那難得的積雪，蓋遍了石垣樓閣，連樹枝的枝椏中，都砌立著層雪。可是，大阪的雪下得沒有新潟的猛，更沒有中國的厚。俯視鱗次櫛比的潔白屋頂，禁不住想起家鄉的大雪，多麼盼望早日重溫故鄉舊夢！我獨自在北風中靜聽那由雪而結成的堅冰細細之聲，深覺大阪的春節也夠寒冷。這一份雪景的享受，才使我當眞認清大阪城的古樸明亮、雄壯可愛。我再登上天守閣的樓頂，遙望故鄉，那悠然待望的南山，可有幾家被大雪粧點成的瓊樓玉宇，抗得住文革風暴的蹂躪，還能傲立風雪，支撐著祖先留給我們的錦繡山河？（聯合報副刊）

春節話「屠蘇」

我們春節的早晨，接到京都渡邊英一教授寄來一個郵包，裡面裹著一層精緻的粉紅紙，上面是正楷勁秀的漢詩「不老門前日月遲」。打開粉紅紙，許多潔白的小紙包呈現在眼前，每個小紙包上都有兩個大紅字「屠蘇」，還有較小整齊的幾行小字「白朮、防風、根木肉桂、桔梗根、丁字、陳皮、山椒、大茴香。」「這個屠蘇袋浸在清酒裡泡兩小時，春節喝了香味濃郁又爽快。不但可以避邪氣，一年都不會生病，而且更能夠延年益壽。」小紙包裡又是玲瓏絹製的小袋。這些可愛的小小袋裡盛著的就是屠蘇了。

眞如他鄉遇故知，說不出的歡喜。我們忙將屠蘇小袋浸泡在酒中，午餐時，全家圍桌迎新，喝著屠蘇酒，眞個獲慰鄉思。因而不由得想起郭鈺的詩句「且題新甲子，酒杯不愧舊屠蘇」的這首詩來了。

下午，我們到八尾市去看一位朋友，路過八尾市一家果子舖「桃林堂」時，想不到這家果子舖門前竟然掛著斗大的字「屠蘇」橫幅，迎風招展。我們眞是遊客得到了鄉音，高興的買了一大包，打算贈送給親友們。回到服部，步出車站，迎面的西藥房，原是兼賣漢藥的，今天店門前竟也聳立著「屠蘇」的招牌。看到了這麼許多「屠蘇」，恍如帶我回到了家鄉，我們又買了一大包。

暮色蒼茫裡，福本謙太郎教授又抱了一升瓶的特級「菊正宗」來到我們家裡，還帶來他的好友尾崎和木村兩位先生。大家幫忙拉好桌椅，我們競相推荐春節喝屠蘇酒的益處，福本教授最是贊成高興；他是京都大學研究中國文學出身，只要提到中國文物，總是津津有味，常常自己抱著酒，跑來我們家吃中國菜。

清香的屠蘇酒送到嘴裡，漸漸的周身溫暖，每個人也都滿面春風，話也多了。大家都知道日本春節飲屠蘇酒的習慣，是在平安朝初期嵯峨天皇弘仁二年（八一一年），由中國傳到日本的。最先只是宮廷裡飲用，後來慢慢普及到民間。明治維新以後，日本漢藥家爲了便利省力，曾把它製作成「屠蘇散」，裝入小袋子裡，在店頭出賣。西藥傳到日本後，漸漸的人們像是遺忘了「屠蘇」。可是，近些年來，隨著漢藥在日本的興起，製屠蘇賣、屠蘇的店舖，又如雨後春筍了。

說到我們中國的屠蘇酒，眞是由來太久了。宗懍（北周）的《荊楚歲時》記載有：「正月一日，是三元之日也……長幼悉正衣冠，以次拜賀，進椒柏酒，飲桃湯，進屠蘇酒。」而且還曾引用董勛（後漢）的話說：「正月飲酒，先小看，以小者得歲，先酒賀之，老者失歲，故後與之……。」可見至少在南北朝時代，便早已經有了元旦飲屠蘇酒的習慣。然而，屠蘇酒的歷史，卻並不是起自南北朝時，應該更溯而上之了。陳延的《小品方》曾說：「屠蘇，酒類，此華佗方也。元旦飲之；辟不正之氣，從小至長，次第飲之。」由以上這些記載，可以知道春節飲屠蘇酒這個習慣的歷史，又必須要提到後漢時代以前不可了。

「屠蘇」兩個字的涵義又非常多，除了「屠蘇酒」之外，還有作爲草名、屋名、草帽等等意義的解釋。記得王褒的詩「飛甍彫翡翠，繡角畫屠蘇」，這個屠蘇，就是草名了。又如杜甫的詩：「願隨金腰裊，走置錦屠蘇」，那個屠蘇，恐怕應該作爲屋名的解釋了。劉孝威的詩「插腰銅匕首，障日錦屠蘇」，這個屠蘇，又似乎該是一頂錦色的大草帽的意思了。

屠蘇在我們的意識中來看，應該是一種藥名。科學的來說，屠蘇酒就是用屠蘇做的藥酒了。相傳這個藥方是我國古代的大名醫——漢方藥家華佗先生配出來的。他的目的是可以避不正之氣，也就是費著所說：「不病瘟疫」了。用句現代的醫學術語來說，該是春節初一，先要大家來打一針防疫針，以保全年的健康了。說句實在話，這個主意想的眞好，既可以防禦一年中的疫病，又可以讓愛酒的朋友們名正言順的暢飲一番呢。

今年的春節，是我到日本來最快樂的春節。雖在異國異鄉做異客，可是，春節喝的是我們中國的屠蘇酒。在這春回大地的現在，我謹以喜悅的心情，敬祝海內外朋友們健康快樂！

（中國時報）

日本的茶會

幾天前，我收到一位研究日本文學兼善「茶道」的朋友有田秋子小姐給我寄來的招待狀，邀我和她一同去參加她「茶道」老師的「茶會」，同時參觀神戶的名園——相樂園。

我知道相樂園是前神戶市長小寺謙吉氏的宅邸，小寺的曾祖小寺泰治郎，經過了十五年修建，於明治十八年才告完成。在日本近代庭園中是以立意精巧、景色優雅和鐵樹林出名的。對於「茶道」，我雖然沒能做深刻的研究，卻也曾略窺門徑，並深深喜愛；再加上秋子小姐的老師金尾晴子女史，也是我久已神馳，早想去拜訪的，所以就約好了那天必到。是日也，便摒擋一切，我按著約好的時間和地點趕到阪急電車神戶三宮驛前和她見面。從車站前我們乘計程車，只花了一百元日幣，五分鐘時光，就到達相樂園前了。相樂園坐落在神戶市生田區中山手通五丁目，遠遠的看見大門外蹲著一對石狛，笑臉迎人。

我們踏入園內，眼前頓覺豁然開朗，裡面樹木除了大鐵樹外，種類繁多，蔥翠宜人。更出乎意料的是正在舉行菊花展覽，處處菊花成叢，映人眼瞼；這「菊花展」展出的日期是由十月初到十一月末的今天，我們雖然是最後一天，得睹盛會，但菊花依然盛開，駐顏有術。

數不盡的菊花，莊重、肅穆、優美高雅的擺列人行道的兩側，紅得鮮艷，白的清高，紫的和藹，黃的富貴……。直直的、彎曲的、纖巧的、雄壯的……，更有許多像是鳥獸動物形狀的菊花盆栽，都美麗清雅得令人神怡。我更喜愛那些金黃色、大大彎彎的如同一隻一隻活生生的金鳳鳥的菊花了。原本優美的庭園，加上菊花的秀色，使園內風景份外動人。我們盡情的先飽餐了菊色一番，然後順著路標，繞綠林，過清流，步向深處，已然到了世外桃源。再向右前方走，蒼翠蓊鬱中聳立著一棟淺綠色古雅的樓房，據說整棟樓房是在昭和二十六年由園外移進來的，從前是一位英國人的私宅，因爲興建於明治三十五年（一九〇二），到現在已是日本最古的洋房，成爲骨董了。歲月不居，剝蝕了它的光澤，但卻增深了它的古雅。裡面的會客室、起居間、餐廳、廚房……，都夠高大寬敞，任人參觀。那十九世紀建築物的富麗大方，吸引著遊人們的嚮往。樓房前草坪上，高高的豎立著一盞古式的瓦斯燈，它是日本最古的街燈，是明治七年時的傑作。燈柱和下面的基石，全是由英國倫敦選購來的，現在由大阪瓦斯公司協助神戶市政府保管。洋房和街燈都已由日本政府指定爲「國家文化財了」。

我們走馬觀花看了一下，再順著路標前進，寬大的水池橫在青山腳下，碧波清澄，閃爍著金色的游鯉和叫不出名字的魚群。山上有茅亭，亭中有石凳供人休息。山腰間還有一所玲瓏的小木房，天氣爽朗中，竟是若隱若現，似在虛無縹緲裡。走近看時，樹叢隱約中立著一個小木牌，木牌上面漆著白色的「TEA」，下面也是白色漆著「EREMONY HOUSE」的小字，原來這正是我們要找的目的地——今天「茶會」的會場了。再回頭看，整個園內，遊人如織，獨這裡清雅適人。

兩人爬上山坡，順序脫鞋進入茶室，牆壁窗戶都是木板的，光滑清潔，一塵不染。迎門牆壁上懸掛著正楷蒼勁的「和敬清寂」四個大字，這就是「茶道」的基本精神了。用句「茶道」的內行話來說，是要做到「以客爲主」、「以主爲客」的最高的境界的。在十六疊日本蓆上，大家圍繞入座，鴉雀無聲。正面「和敬清寂」的下面安置了一個鎌倉時代「備院燒」的陶磁花瓶，微帶潤澤，瓶裡插著一朵白色含苞未放的「白玉」。「茶會」開始時，那位年逾六五而依然風韻秀雅的金尾晴子女史，跪坐在大家面前，親切和悅的開講「茶道」，她娓娓動聽的說：「茶道是修養心神、學習禮儀的最好方法。日本茶道的基本，也是由中國傳來的。天平元年（七二九），聖武天皇在宮中召集僧侶講談《般若經》後，有「行茶」的儀禮。平安時代桓武天皇時，傳教大師由中國回來，才帶回茶種植於「比叡山」附近地方，這是日本自行植茶的開始。最早是僧侶和貴族間所嗜愛，後來慢慢的普遍了民間。當時大家崇拜中國，喜愛中國趣味，以飲茶作漢詩是最快樂、最高雅的事情。近代日本茶道成立在「村田珠光」（一四三〇－一五〇二），後來「千利休」（一五二二－一五九一）別號「抛筌」，他是安土、桃山時代的茶博士，追隨「紹鷗」學習茶道，茶藝非常精深，集茶道而大成。「利休」的孫子「宗旦」更以宣揚茶道爲專業。「宗旦」的兒子分立門戶繼承衣鉢。「江岑」是「表千家」的元祖，「仙叟宗室」承接了乃父「宗旦」的隱居而成爲「裡千家」的元祖，「一翁宗守」因爲住在「武者小路」，所以成爲「武者小路千家」，這就是現在流行的三千家－

—「表千家」、「裡千家」、「武者小路千家」了。另外還有「藪內流」、「遠州流」、「石州流」、「鎮信流」、「宗偏流」、「不昧流」、「江戶千家流」等許多派別……。」她先向大家解說了這段簡史。接著又說：「茶道一定要和心連在一起。『點前』是有三個重點，也有三個特色。所謂三個重點就是㈠要動作正確；㈡要節度自然；㈢要分別緩急。三個特色就是㈠要合理；㈡要含蓄；㈢要熟練。」她講完了這些，又特別強調她自己的本宗——「表千家」一派「點前」應該特別注意的要點就是動作要自然流暢、灑脫俐落、不拘小節；切不可故標新奇，引人注目，更不可流入怪癖。另外又說了些關於「辭儀」等的方法，「點前」的順序、「茶具」的處理等。一直談到「懷紙」、「帛紗」、「茶杓」、「茶巾」、「茶筅」、「水指」、「釜」、「風爐」……等。最後她又說：「茶會是要在最美好的時候舉行，是和志同道合的朋友們的一個『心會』。我們大家雖然有的也許是今天初次相識，可是大家既都愛『茶』便都是好朋友了……。」

這時，她的穿著和服盛裝的弟子們，已經很熟練的依照著「表千家」的規矩調好了茶，先恭恭敬敬捧送給每人一個竹製的「果子器」，「果子器」裡盛了一塊精美的點心，彼此相互行禮，然後大家用小叉慢慢地吃。她們又用文雅的雙手捧送給每人一個澁拗、古樸的「備前燒」大茶碗，茶碗底裡淺淺的盛著綠色的茶漿，她們依照著禮節將茶碗放在客人面前。我們依著禮節輕點玉杯啜飲香茗，濃郁芬芳充滿了整個「茶室」，窗外悠悠白雲，多情的紅葉依然是滿山逗人，誰說不是置身在圖畫中呢？

「茶會」禮節整個結束後，我的腿已經酸瘦得爬不起來了。這時，秋子小姐給我介紹了她的老師，我向金尾晴子女史傾吐了我對她的慕衷，她倍極歡悅。等她知道我是中國人時，更高興萬分，再三懇切的邀我在新年前到她「明石」的家中去玩，同時寫了地址和電話號碼給我。因爲不便過於打擾，我再度拜謝，又請得她的許可，帶著我的好友秋子小姐告辭出來了。

當我們步出「茶室」，沿著山勢向前走，滿園菊花，使我塵慮盡脫，這不是桃花源，而是菊花國了。佇立在爽朗蒼穹下，不禁還是想起了我的故鄉，那悠然待望的南山，不知尚有幾家殘籬、多少勁菊，抗得住文革的蹂躪，還能傲立秋風，支撐著祖先留給我們的錦繡山河?!

（中央日報副刊）

日本的書道

旅日二十多年，早晨在擠得水洩不通的電車裡，常常看到一些中學、小學生，除了背著書包，還提著一個「習字盒」。「習字盒」是長方形，一尺來長，三寸多寬，用木板做成。裡面裝有一個小型石硯、一錠墨、一個小小的盛水壺，和三、四支羊毛筆。傍晚，吃過晚飯，暮色蒼茫的路上，又會看到三三兩兩的孩子，提著「習字盒」到「習字塾」或「書道教室」去。

日本人對書道（我國稱爲書法）非常愛好，向來把「習字」列爲中、小學的正式課程之一。二次世界大戰後，日本教育改革，才把「習字」一課給改掉了。可是，大多數日本人對於習字的重視和趣味，依然不減當年。譬如紅白喜慶，或是鄭重的集會，在禮簿上簽名或記帳，仍然用毛筆。又如寫信表示感謝，以及新年的賀年片、春夏秋冬問平安的卡片，絕大多數也還是用毛筆來寫。而且，寫得鄭重其事，唯有如此，似乎才能表現出寫者的敬意來。雖然現在可以用鋼筆寫履歷片，許多人還是認爲用毛筆寫，才可以得到行號主管人員的「垂青」，而收到事半功倍之效。大家這般根深柢固的愛好毛筆字，所以日本教育當局雖然把「習字」革掉了，可是，三十多年來，依然有不少學校陽奉陰違、我行我素，將「習字」照舊列爲必修課程之一。這就是在擠早晨的電車時，依然還能看到有些學生提著「習字盒」的原因。在沒有「習字」課程的學校就讀的孩子們，他們的家長就不得不忍著心腸，晚飯後迫著自己的子女提著「習字盒」到「習字塾」或「書道教室」去「惡補」了。

日本的成年人，也把習字作爲重要「教養」之一，尤其是婦女，更喜歡找時間學習書法。她們的目的，一方面是提高毛筆字的水準，以便應用在日常生活中的應酬上，一方面是藉著習字來培養沉靜優雅的氣質。所以日本從城市到鄉下，「書法塾」、「書道教室」處處都有，甚至在高大的住宅公寓裡，也有人騰出半間屋子，教授書法，仍能座無虛席。高等學校、大學、各種機關團體裡，大多數也都組織「書道研究會」，而且，這種風氣，近年來更是方興未艾，處處皆有人滿之患。

據東京某一區教育委員會調查，在那個區裡的中、小學生，去「習字塾」和「書道教室」學習「書道」的學童，已佔該區學童總人數的百分之四十以上。

又據日本「書道聯盟」最近的統計，加入該聯盟的「習字塾」和「書道教室」以及專家團體，全日本已有三百多個單位。「書道」愛好者，全日本有三十多萬人。「書道」雜誌刊物，全國也有兩百多種；如果油印雜誌都計算在內，恐怕總數要超過一千了。由此更可以看出日本人是如何的喜愛「書道」了。

國民既有這種要求，日本政府也不得不重新考慮，所以日本文部省（教育部），從一九七一年開始，把這門已被革掉的「習字」，重新又列入了中、小學的課程，每週不得少於一個小時。於是許多日本人都額手稱慶，大聲歡呼說：「習字又得重見天日了！」

日本書法界，對於恢復「習字」課程，更是異常興奮歡迎，除了擴大學習「書道」的熱潮外，還有人大絞腦汁，提出了許多寶貴的意見，例如要嚴格統一核定書法教師資格、要嚴格審查「習字塾」或「書道教室」的設立標準、要加強擴大「書道比賽」等，眞是洋洋大觀。此外，專門做筆、墨、紙、硯生意的或與此有關的行業，也都很快的有了反應，大家喜笑顏開，忙著迎接生意。又有些人在仔細打算盤，爲求適應「書道用具」消費量的急速增加，四處採訪貨物來源。本來製毛筆的羊毛，原是由我國進口的，多少年來，都很缺貨，現在便又設法如何改用代用品。又如技工不夠、技術低落，也在設法提高。還有，教育當局因爲年輕的教員，有的人前些年在師範求學時，學校中沒有學習過「書道」，擔任不了「習字」的課程，所以「師資」一項，也成了急需解決的問題。

日本大多數人，都認爲書法是人的門面，一個人寫的字好壞，特別是毛筆字的好壞，常常被人評定是否有學問的基礎。所以，寫一筆好字的人，在社會上很佔便宜。大家又認爲毛筆字的風格和氣派，能夠表現出人的個性來。至於每個人寫的字，究竟是不是眞的能夠表現每個人的性格，直到今天，還沒有科學方法可以證明。日本人還說，漢字除了可以表達意思外，又有藝術性，所以日本像我們中國過去一樣，很是重視毛筆字。

日本的新聞界，也在爲「書道」推波助瀾，各大報紙多闢有專欄刊登「書道」。此外，社會上更常常舉辦各種有趣的書法展覽，最近給我印象最深的是六月中旬，由大阪阪急百貨公司所主辦的「現代作家書畫展」，我無意中衝了進去，展品確是琳瑯滿目，嘆爲觀止。有川端康成、今東光、柴田鍊三郎、梶山季之、水上勉等老牌作家的墨寶，還有曾野綾子、星野立子、水原秋櫻子等女作家的秀筆，又有吉川幸次郎等名漢學家的大作。其中川端康成一幅小小的掛軸，竟賣到八十萬日元，也可眞謂善價而沽了。川端的書法，別有風格，蒼勁有力，他給我們的信，都寫得相當精采。怪不得日本朋友，幾年前就再三再四，要我們快快拿去換酒，以便大家喝幾個通宵。這些年來，我們已經開始把我國內和日本文化學術界名流的來信，都好好的收藏起來了。看來到了相當的時候，眞要和朋友們連袂「將出」去「換美酒」了。

在日本研究書法，可也眞夠方便，我國的古碑、名帖、拓本等，如果能出高價，大概是無有不可以到手的。名硯、名墨、名紙，如果口袋許可，也都可以訪獲求得。至於日文的「書道」刊物，又多是圖文並茂、考訂分析，精深有味，連我這個外行，也驚佩不已。

（中央日報副刊）

日本的「神農祭」

十一月二十三日，是「勤勞感謝日」，這是日本國定紀念日中全年最後的一個節日。近來雖已「立冬」，可是，連續天和氣暖，眞是好個「小陽春」。人們去看紅葉或做各種「狩」的，也不致凍得肌寒膚痛，所以早在一個月前，各地溫泉名勝的旅館，便早已有客滿之患了。

原想計畫二十三日的假日，我們去近郊看紅葉或是去「蜜柑狩」。可是，想起電車廣告上所看到的「神農祭」，時時在我腦海裡閃耀著，時時念念不忘。

日本的「祭」和「神」，眞是多得數不勝數。在大阪的各「祭」之中，每年十一月二十二十三兩天的「神農祭」，是個歷史相當悠久的祭日，地點是在大阪市東區道修町的「少彥名神」社內舉行。既然名之曰「神農祭」，顧名思議，這當是與我國的「神農氏」有關的了。大概就是因爲這個念頭，所以使得支持著我，非要去看一看不可了。

今天的天氣並不太好，一會兒晴、一會兒陰，烏雲密布，像是要下雨雪。晴的時候，照得人眼花撩亂；陰的時候，北風吹地，令人認識現在確已是初冬。本來昨天（二十二日）已經是我國農曆的「小雪」了。

由服部家中坐阪急線電車，先到梅田，叫了輛計程車，直奔道修町去。原來這道修町就是御堂筋線地下鐵道淀屋橋驛附近、中國國際商業銀行大阪分行右面的一條街道。遠遠的汽車中，已看到了道修町的入口處，高高的懸掛著一隻巨型的、黃黑斑紋的、吊睛的木製大老虎，虎肚裡光亮誘人。老虎旁邊飄動著許多花紙條兒，另有長條的黃布、黑布，上面都寫著「神農祭」的大布旆。下得車來，才看清了向東伸展來的一條道修町，兩側簷際都已經掛滿了用新伐下來的巨大的青竹的竹幹繫起的紙花、紙條、紙老虎等的裝飾，臨風招展，好像進入了竹花的花林中。再仔細一看，原來那上面掛的不完全是花兒紙兒，諸如武田、鹽野義、田邊、日本一、藤澤、日新、中外、扶桑……等各大製藥公司的商標和藥盒樣品，統統都懸掛在竹枝上，盪來盪去，非常好看。道修町的道上，擠得水洩不通，看樣子多是全家動員。少女們多穿著鮮艷的和服，更與竹竿上五顏十色的藥品盒相映成趣。兩側屋簷竹竿下，店舖門前都是臨時搭起的露天商攤，有賣糖球、玩具、人形、糖炒栗子、燒田螺、烤鱿魚、烏賊燒、關東煮、日本壽司等，還有我小時候愛吃的棉花糖……。孩子們都睜著大眼睛，有的在買、有的在吃、有的在看；來往的人越多，店家吆喝著的叫賣聲越大，十分熱鬧。我在人群中，邊欣賞邊走著，再仔細向攤販後面看，那些店舖都是些大小藥廠的本號或支店，原來這條道修町街道是藥品的集散地。無怪乎人家都說這個「神農祭」是藥商們的「祭」了。

本來，對於這座「少彥名神」的神靈，在多年前，我曾做日本神佛戶口調查的時候，也曾經深深查過他的身世；可是，卻忽略了人們誤解他作「神農樣」的這一點。原來這位神靈，是日本神話中神祖之神「神皇產靈神」的皇子，是從手指間生出來的。與「大國立命」是義兄弟，精通醫學和釀酒的方法，很是賢明。曾協助「大國立命」建立「出雲朝廷」，立有大功。

我順著人群，走進已經被擠到新式大廈後面去的古老而狹小的「少彥名神」社去，在善男信女香煙馨聲中，仔細觀察，原來這個神社裡，除了奉祀著「少彥名神」外，也還奉祀著地地道道的「神農氏」。這就對了，「神農」是祖，「少彥名神」是「神農」在日本的化身。這也就是人們所誤稱「少彥」爲「神農」的由來了。（其實，認眞來說，也不能算是誤，因爲兩神恐怕是二而一、一而二的。）這兩位神靈，一直到現在，都還是日本醫藥界的守護之神。

說到「少彥名神」社的由來，還有一段生動的插曲，那是在亨寶七年（一七二三），當時的日本將軍德川吉宗（德川家康八代孫），在從紀伊國（現在的和歌山縣）回京都途中，路過大阪，忽然得了時疫病，竟然百藥無效。那時道修町的藥商們，聽到了這個驚人的消息，連忙把他們自己的靈藥獻上去，德川吉宗服了道修町的靈藥，很快的恢復了健康。於是吉宗回京以後，立刻下令給予大阪道修町一百二十四家藥商的營業許可。同時，更在道修町創立了一所「和藥改會所」，給予評判日本全國所產藥品眞僞的權利。更於安永九年（一七八〇），把京都松原通西洞院五條天神社的神靈——少彥名大神，迎到大阪市道修町來作爲「和藥改會所」評判藥品時的監督之神，這就是這個神社的緣起了。到了天保八年（一八三七），「少彥名神」社罹於兵火，天保十一年，又重修社殿。直到明治四十三年（一九一〇）本殿、社務所等落成。但是，現在卻已經是被擠在商店巨廈的後面了。

這道修町，現在仍然是藥商們的大本營，不過所製造販賣的藥品（工廠不在此地），由漢藥而多變成了洋藥。那隻吊睛的老虎，也減去了昔日的威風，只成爲鎮災祛病的象徵了。

據說在安政五年（一八二二）的秋天，日本流行「三日亡」的疫病，這種病也就是近代的所謂「虎列拉」。負有品嚐全國藥材權威的道修町的藥商們，義不容辭，連忙開會，商討要趕製靈藥，鑑於風俗通中，虎爲百獸之長，能噬食鬼神、辟除惡邪，以及《本草綱目》獸部的戡虎頭骨能辟災卻疫的記載；於是，乃配合了虎頭骨等，製出了「虎骨殺鬼雄黃丸」，又叫人們佩帶著虎的模型，以鎮百邪。當時的「三日亡」流行病，竟也被鎮了回去。於是，從此以後，每年的祭日要在這個神社裡布施神虎與藥丸。說到漢藥和《本草綱目》等，當然不是「少彥名神」的發明，必須要元祖的「神農氏」請得共享香火之盛了。

明治維新以後，西藥壓倒東藥，施藥的習慣被廢止了，神靈卻仍照常佩授無異。大家更把這兩位神靈作爲祛除百病、保護人口健康的至尊。每年到了十一月二十二、二十三兩天，善男信女便頂禮膜拜不已。

我也在神前丟上百元日幣香錢，拉著垂懸著的巨繩，用力衝響了正中懸掛的神鑼，並也擊掌行禮。拜過之後，又在側殿裡，花了五百元日幣，買了一支繫著小型的紙虎和辟邪祛病的神符，又花了三百元日幣買了一串內裝雄黃香料的小繡球，便也夾在人群中混了出來。正好神社門口，又正布施竹枝懸著的紙老虎，人們爭先恐後，伸著手搶領。我踮起腳跟看了看，與我花了五百元買來的老虎一模一樣，便也無需重份了。

這時路旁的露天小攤，香氣撲鼻，倒是引人入勝，我也夾坐在孩子群中，吃了一串「烏賊燒」，大概是神虎醫好了我的胃病，竟是食欲大振，便又叫了一盤「關東煮」，仍還是未能盡興。看看天色已晚，只好手拿著辟邪袪災的紙老虎，也像大孩子似的，也像三十多年前在家鄉趕廟會似的，興高采烈的步離了道修町，搭上地下鐵路電車了。

（幼獅文藝）

日本的「財神祭」(今宮戎祭)

今年，我任教大學的新年會訂在元月十日舉行，地點是大阪市最大的一家中華餐廳，坐落在南波鬧區的「隨園」，時間是中午十二時開始。

當我到達「隨園」的時候，大廳內排滿了圓桌，這個兩百多人的新年會，將都要到齊了，大家紛紛互賀年禧。學校長致辭後，彼此就邊談邊吃了。我們同桌的福本先生興高采烈的說，今天正好是日本的財神祭——「今宮戎神社」的大祭，距離「隨園」就在咫尺……。

一橋和木村兩位女先生對財神祭非常有興趣，我高興的也不等酒醉飯飽，三人就先告辭出來，急急步行到「戎橋筋」那條熱鬧街上，川流不息的人群中，正有很多人穿著新年和服、手裡拿著飾滿了金銀財寶的竹枝，還有人拿著五光十色的福糖，笑容滿面的湧過來，我們已經溶進了這個聞名日本全國——大阪三大名祭之一的「今宮戎祭」的洪流裡了，眞是開心得不得了。

順著人群，我們依著大勢向南流，流到「高島屋」百貨公司前，過了路口的信號燈，那裡人群更加氣壯勢大。靠「高島屋」東側馬路中間，從十字路口起，向南一直攔了一條臨時用鐵管搭成的欄干，西側完全做了人行道，把通行的車輛都擠到馬路中間欄干的東側，許多警察疏導那些雜亂的交通，警笛與擴音器競鳴，熱鬧極了。警察們努力的「案內」著馬路上的行人和車輛，我們依然順著人群，慢慢的向南流，又過了一個路口，才來到通往神社的正道，這條正道已經禁止車輛通行，西側都紮滿了鱗次櫛比的臨時賣店，人群到這裡稍稍緩和下來。雖然仍是水洩不通，可是，自然的把「急流」和「擁擠」換成了「緩散」和「慢遊」了，我們也鬆了口氣，一步步的游動著，瀏覽街道兩側的賣店，有人站立在店前翻弄著買些雜物，有人站立在店側或坐在店內吃那些五顏十色的食品，每個人似乎都變成了小孩子，我也不自禁的年輕了很多，好像回到了兒時，夾雜在人群中，東看看西瞧瞧，這邊那邊的貪賞個不夠。那些賣店的種類很多，有賣福神和財神像的、有賣茶壺茶碗的、有賣關東煮的、有賣日本壽司的、有賣燒田螺的、有賣曆書和年畫的，還有賣糖炒栗子和棉花糖的……。我高興的想起了學生時候喜歡去趕的廟會，從北平特地趕到郊區鄉下去看野臺戲的演唱，我最愛吃棉花糖和大串的山楂葫蘆，山楂葫蘆頂上還紮著風車，又好吃又好玩，快樂得不得了。又回想起隆福寺和護國寺的廟會來，那些陳列在路兩側的許多小攤子，正和這裡的情景一樣，這更使我想起了故鄉的「廠甸」，還有和平門外那些熱鬧的情形。那時，同學們每次趕了廟會回到宿舍裡高歌曼舞，一幕幕又都歷歷在眼前了。誰又會想到赤焰囂張，離家南奔臺灣又轉來日本，流浪了將半個世紀，又在日本看這個財神廟會呢，焉不令人益增故國情思！

我們夾在人流之中再往前走，關西電力公司偌大的會社，竟也不落人後，趕來湊熱鬧，在路側搭了個臨時陳列所，搬來許多家庭用電器品，展來爭風采，店門正面上橫掛著一幅大大的標語——「深夜電力使你能夜晚勞動而獲得白晝的幸福。」是的，今天正是財神的大祭日，「財」的一部分是要靠電氣動力供給的。關西電力公司是資金雄厚、獨佔鰲頭半官半商的事業，竟也著眼到這些地方來，點滴不漏。由此也可以看出日本人經商的「精」和「細」了。又往前走，家具店的老闆也出來趕熱鬧，擺出大大小小的金庫，要大家多賺錢、多存錢，都要來買他的金庫，他也就財源茂盛了。又到了一個十字路口，那條橫街也禁止車輪通行，十字路口成了個小廣場，正聚集了幾十個人，擁擠著爭著看「拉洋片兒」的，那些大人和孩子們，正擠在洋片兒木箱上下兩列的鏡口前，弓著腰向鏡中窺著。「拉洋片兒」在中國鄉下叫做「西洋景」，我們兒時都喜歡而且都看過，於是我也向前擠上前去，投入百圓硬幣向裡觀看，裡面正一片片放映著大約是明治時代的畫片，人們穿著古老的和裝或大領的洋服、有人坐著冒出濃煙的蒸汽船、有人騎著高頭大馬在新年前趕奔家鄉……，我心中一寒，鼻子好酸，眼睛模糊了，何以處處竟都是鄉思？

我悄悄的退出了人群，停在不遠處的一家賣福神、財神和金元寶的店前等候她兩位，同時仔細觀賞那些福神和財神的相貌，都是笑哈哈的。店正中掛著幅大大的「七福神」畫像，這七位福神是「老壽星」、「惠比須」、「大黑天」、「福祿壽」、「弁財天」、「毘沙門天」、「布袋和尚」，他們有的是來自佛教，有的是源於中國，有的是當地土生土長的。總之，他們都是混合了日本固有的信仰，而象徵了人間的福壽、聰敏、名利……。今天的大祭正是祭「惠比須神」的大祭，「惠比須」又寫「夷子」、「蛭子」、「惠比壽」，或寫著「戎」。這些名字的發音，日本語統讀作「EBISU」。現在古寫已不大通用，「戎」或「惠比須」正是通行日本全國，老少都知的。這位神靈本來是漁村的福神，見於《日本書記》，他的塑像永遠是春風滿面笑哈哈，頭戴風帽、身穿漁袍、右手執釣竿，左腋挾著一尾紅色的「大鯛魚」，一見就是個福相。所以，後來信者繁昌，就擴展成爲掌管「航海」、「漁業」、「商業」的總神帥了，大阪市是個靠海的商業城，於是「今宮戎神社」祭，在大阪是一件大事了。近兩年來，美金和日幣兌率，影響日貨輸出減少，日本人不斷的嚷著「生意不景氣」……，大家希望今年商業繁盛多賺錢，所以「今宮戎神社」財神祭的人們比往年多，據說都超過百萬人以上。

「今宮」是地名，是大阪市浪速區鄰接南波中央區的邊緣地方，因爲這個神社建築在「今宮」，所以在神社上加了個「今宮」的名字。「福神」是由兵庫縣西宮市的「夷」神社分過來的，江戶時代已經大盛。這財神祭典的正式頭銜是「今宮戎祭」，是每年元月九日開始連著三天祭。九日是「散福娘餅」、「奉納舞樂」是「宵祭」。十日是「本祭」，才是大祭，要選拔才色出衆、藝高貌美的十幾位藝妓、舞妓，穿著和服盛裝，乘坐著日本古典式的「駕籠」（日式轎子），一路上吆喝著來參拜的。十一日是「殘福」。這三天之中，遠近的人們都來祈福祈財，眞是熱鬧得不得了。

我們三人仍夾在人群中向前走，又走了五、六分鐘，再順著人群向東轉，才來到神社的大門前，到了這裡，人群停了下來，等候前面的人群一批一批參拜完了，人群游動了，我們在內的一群才能慢慢的挪進神社，裡面燈火輝煌，香煙繚繞，鼓聲喧天，樂聲、磬聲、誦經聲以及店家的叫賣聲，震人耳鼓，進門不遠，正面有兩個直徑約三公尺多高，長約一公尺半，臨時紮的大圓桶，前面貼著大紙條寫著「賽錢箱」，善男信女們，都大把大把抓著硬幣遙遙的向裡面丟去，還有人用萬圓大鈔裹著硬幣往裡丟，眞是「青蚨」飛舞。再往裡走，香煙轉濃，正殿是主社，只看到人們一批批的向前上香，殿外長廊也都成臨時的賣店，有滿頭戴著花朶、穿著艷麗和服的純日本裝束的女士，也有塗著口紅穿著迷你洋裝的小姐，店家都在拚命的叫賣各式各樣的福神、福寶，人們走過前面付了錢，就把寶物繫在手中的竹枝上。還有那老老少少的男士們，有的在敲打大鼓，有的在高聲喊叫。正殿前又有長列木製的「賽錢箱」，人們又是硬幣、千圓、萬圓鈔票亂飛，許多鈔票散落在錢箱外和殿內地板上。許多人擊掌遙拜，許多人又拚命擠到正面，擊打懸在殿簷前的神鐘，據說這是可以獲得多福多財的。

我們順著人群從正殿西側的賣店前，向後面移動，好不容易移動過了這一段長廊前的通道，再向東移，又擠了若干時間，才擠出了「神社」。後面通路西側也是搭滿了臨時賣店，售賣的物品和進來「神社」時，長廊賣店中的大同小異。再走不遠，路側賣店中竟有「大國小學」、「浪速中學」等學校家長會的臨時賣店，許多家長太太小姐們，竟是「巧笑倩兮、美目盼兮」大力的推售福神和福寶，這眞是身體力行，實實在在的爲全家人賺「福」謀「利」了。

我們三人總算離了人群，才能呼口大氣，都忘卻了自己的年齡，站在路邊暢快怡人的緊吃棉花糖，眞是吃得春風滿面，大快朵頤。

（明道文藝）

日本的「蜜柑狩」

日本的「狩」，是非常有情調的。

每年到了秋天，從早秋的「松茸狩」、「椎茸狩」、「梨狩」、「番薯狩」、「落花生狩」……開始，一直到晚秋初冬的「栗子狩」、「柿子狩」、「紅葉狩」、「蜜柑狩」等，不僅是「狩」樣百出，而且引人入勝，情調各異，狩不勝狩。

所謂「狩」，在我們的古典之中，眞是老生常談，《左傳》的「冬獵爲狩」，《周禮》的「遂以田狩」，《爾雅》的「火田爲狩」……「狩」實在是日常生活的一部。只是近世以來，我們對這個「狩」字，似乎不大愛用了。說文「狩」，火田也，從犬守聲。易曰「明夷於南狩」……。可是，在近代的日本，「狩」這個字的意義，除了追捕飛禽野獸之外，就連到人跡罕到的野山上尋求些花草，也都算是「狩」了。更進一步，今日原子時代，大家被「公害」害得頭昏腦脹，幾乎要窒息死了的時候，抽空到人爲的青山上、原野裡，去尋求些「蜜柑」、「紅葉」之類，統統稱爲「狩」了。這麼說來，似乎有些道理，而且有些懷古的幽情。

僑居日本這麼久的時光，我只去「狩」過兩次，一次是全家動員，和孩子們的父親帶著兩個孩子去金剛山「狩」過栗子，那時候治歌和治夏剛剛入小學，現在他們臺灣大學畢業了，都已經在京都大學攻讀博士班了，相距的年代是可以推知了。再一次，就是今年和學生們同去「狩」蜜柑了。我，年年都在忙，天天都在忙、忙學校、忙廚房，好不容易，這次答應了我教過的學生邀約去「蜜柑狩」的。她們都已經大學畢業了，現在有的在學校、有的在公司，或是自己創業，開始了她們人生的奮鬥。大家商量了又商量，一直拖到十一月三十日的禮拜天，一同去和歌山「蜜柑狩」，吃「小鯛雀的壽司」……。

今年的天氣一直溫和宜人，這一天早晨，又是一個有名的「日本晴」，萬里無雲的好天氣。秋陽照人、碧空如洗，秋風暖得如同五、六月。我由家中乘阪急線電車到梅田，一路直奔，沒空欣賞景色，趕到國鐵線大阪車站，同學們都在久等了。大家匆匆連袂趕上環狀線的電車，到了天王寺站，再換乘關西線的電車時，離著開車時間只差五分鐘了。月臺上已經是人山人海，扶老攜幼，看看他們的行裝，知道也都是去郊遊或是「狩」什麼的遊人了。我們迅速的排在那長龍陣的最後，慢慢的跟著人群向前挪移，等我們移到車門外時，發車的鈴聲已經響了，車裡的人已是水洩不通，我們用力擠也擠不上，驛員們替我們著急，從後面幫忙猛力推了又推，再猛力推，才把我們像推貨物似的推上車門的臺階，門扉一閉，車子就蠕動了起來。大家好像脫離了鬧市苦海，車廂東搖西搖，人與人之間，也慢慢搖出了點空隙，我們才可以舒活舒活手腳了。這時才有閒情從車門的玻璃窗向外望去，車行飛快，秋原可掬，遠山在朝霧中，慢慢現出了綽綽的紫色，揣度方向，我們乘的車大概向東南迂行，有時陽光耀眼，有時又陰影遮人……。面前門側的橫樑畔，正有一位站著的年輕婦人，左手搭在橫樑上，右手抱著個兩、三歲的小孩子，孩子在那忽隱忽現的陽光中酣睡，睡臉上時時露出了微微的笑容，婦人臉上涔涔的滲出汗珠兒，卻依然心滿意足、安詳喜悅的瞧著自己的孩子……。人類母愛的偉大，在這擁擠的旅途中，更一次深深的感動了我。

車行一個多小時，我們始終都是站著。到達了第一個大站和歌山時，萬頭聳頭中又擠上了許多遊人。車沿著海岸線東行，奇岩怪石、青松紅葉，掩映著青空和碧海，還有海波激碎在岸邊的白色浪花，眞是賞心悅目……，令人雖在「擠」中，還是十分脫俗的愉快。過了海南站，下一站就是箕島了。下車一看，街正中的大牌樓上寫著有田市，又畫著「大蜜柑」，我才知道是到達了和歌山縣的有田市了。有田這個地方，自古以來是日本產橘馳名的名所。我們又換乘巴士，順著青青的有田川東行約十多分鐘，到達了目的地圓滿寺。大家納費入山，村婦引導我們到了梯形的蜜柑田畔，才放我們自由活動了。

入山規則，是先納「入山料」，入山後，不管你的胃袋大小、胃口如何，都請你放心暢懷的大吃蜜柑，能吃多少就吃多少。好像中國大陸從前的飲食店，絕不怕大肚皮漢的。可是，不准免費帶下山來。這種吃法，日本語叫做「食放題」，是無題目限制的。現在日本有許多大小餐廳，繳納了他們規定的餐費後，吃菜喝酒也有「食放題」呢。然而，蜜柑是人家的，胃袋是自己的，各人要仗著自己的「胃力」酌量著盡情的吃才好。否則，回家要看醫生怎麼辦?!

車中已是橘香繚繞，山中更是柑芳撲鼻。那從山角下一層層梯形般升上去的「橘煙」，處處都是金光閃耀的橘棵，每株每枝纍纍的果實，好像都馱不住了。我們一邊兒摘下手邊的金橘吃著，一邊兒迎著秋風嬌陽向上爬，爬到半山，選了個梯形較寬的場所，在橘樹下，鋪開尼龍布當作蓆子，把帶去的食物陳列開來，開始了我們豐盛而別有風味的野餐。這山勢是向東南海面伸展開著，中午的秋陽，曬得人臉上發光冒油，金黃橘林一直展延到山下的平野。在平野和山根間，遙遙的透出了村舍，浮現在碧翠的金光中，有時可以看得見村舍中古老的、純「和式」建築的屋頂，以及現代化的鐵筋洋灰樓房的一角。有時又被薄薄的煙霞罩住，好像是要掩藏起這一地區的富庶，更增加了它的美妙和神儀。似乎不讓人知道，又似乎在故作多情的擺弄出它美麗的婥姿，向人招手呼喚，古寺午課的鐘聲響了，那一聲聲的悠揚，迴盪在秋橘香中，陶冶著每人的襟懷，使人盡滌塵念。我們都喝了些運動後十分芬芳的「威士忌」，頓覺精神飽滿，同學們又打開了帶來的飯箱，裡面正是她們早晨在和歌山訂購的名品「小鯛雀壽司」。這種「小鯛雀壽司」實在是有來頭的，原來要遠溯至源平時代（一九五九—一二〇四），是當時的名將平維盛固守在紀州、有田、奥　陘s時嗜愛的珍味。到了近代，人們又追溯古代的祕訣，如法炮製，竟成了紀州的名物。這種「壽司」，是用紀州、加太町邊磯脇附近所產的兩寸多長的小鯛魚，生切成片，頂在上選的白米飯上所做成的。不但可做主食，而且是佐酒的佳肴。我們邊吃邊談，從她們大學畢業後的家庭狀況，一直談到現在工作上的種種情形，口渴了，就順手摘些蜜柑，讓甜爽的芳香幫助消化。這野餐直吃到午陽偏西，已是下午兩點多鐘，才收拾杯筷，送在樹根下的垃圾箱裡。我們又在橘林裡散步，撿些朱黃色熟透了的蜜柑，又大吃幾枚，才依依下山。這時，入山時的村婦嚮導，竟在山腳下等候我們，大家又購買了幾簍精選的「蜜柑」，還有果實纍纍的橘枝，扛在肩上，看看天色不早，我們就大踏步的向前邁進，直奔車站，路的兩側，依然是連綿不斷的橘田，橘樹雖然只是一個人這麼高，可是，每株橘樹上竟然排著數百個果實。許多明眸皓齒的村姑，包著彩色的頭巾，戴著尼龍手套，自由自在，熟練的、輕巧的，大筐大筐的採摘搬運，眞是一幅美麗的圖畫，可惜我這畫虎類犬的手不能把它畫下來。那金黃色的橘柑，在田邊堆積如山，更是別有情趣。

「蜜柑」本來也是由中國傳來日本的。這名字在日本最早見於《永享日記》，以和歌山縣，也就是古紀州所產的最爲有名。天正年間（一五七三年－一五九二）日本垂仁天皇派田道間守到中國南部取來了「長壽靈藥」——經常有強烈芳香的果實——柑橘。可是，田道間守回到日本時，垂仁天皇已經是先而逝世了。於是，他就把那果實種在垂仁天皇的陵上。後來由道間守死了，被葬在垂仁天皇陵池中的一個小島上，至今墓墳宛在。而這種中國「蜜柑」，也就在太平洋沿岸，氣候溫暖的紀州地方栽培開來了。

關於「蜜柑」，還有一段有趣的歷史故事，說是日本僧人高弁（法號明惠）的母親作夢，夢見了「蜜柑」，因而懷孕就生了這個兒子。高弁就是紀州的有田郡人，這更是有田市栽培「蜜柑」歷史悠久的證明了。日本的「蜜柑」，以紀州最爲有名。紀州的「蜜柑」又以有田產的最爲有名。現在「有田蜜柑」不僅暢銷日本國內，而且，更爲日本賺來許多外匯。這也就怪不得這裡遍山遍野，處處都是「蜜柑」了。

蜜柑可以化痰止咳，在家鄉時，母親常常夜晚咳嗽，睡不好覺，記得醫生對母親說「要多吃蜜柑」。這些年來，蜜柑最引我鄉愁。在日本吃著蜜柑，鄉愁更是濃重了。

我們走到距離最近的一個小站時，那站前已經排滿了扶老攜幼滿載而歸「狩」的旅客行列，看這情形，回家的路上，大家又一定要被擠著上車、被擠著罰站了。所以我們決定坐一段計程車去箕島驛上車較好。我們五人乘上一輛計程車，司機先生好像是一位天生的外交員，他說長道短，從「有田蜜柑」的形狀、吃法，一直說到栽培和銷路。最後勸我們說：「到箕島上車也是要罰站的，不如到和歌山驛換乘南海鐵道的電車，才可以保險有座位的。……」後來又說：「花不到三千圓車費呀！」我們恭敬不如從命了，便一路暢談著駛向和歌山去。經過有田市和和歌山市交界口的隧道前，那隧道的名字叫做「乾坤隊道」，同學們對「乾坤」的意思不太明白，我用中文唸了，又解釋給她們聽。這位司機先生發現我不是日本人，很客氣的對我說：「對不起，你好像不是日本人啊！又不像是中國人啊？我可以問你嗎？你的故鄉是哪裡呢？」我說：「我是中國人。」他像是開了話匣子，更大談中、日文化的淵源，又給我下了個斷論，說我一定是研究唐史的。同學們都仰天大笑。其實歷史是我的愛好，我是研究教育和文學的。這位司機先生最後又勸我們再去和歌浦玩玩看看！他說：「和歌浦眞是景美怡人，和歌山的人們，誰也不要去看其他名勝的。任何人看了和歌浦，就知道有多麼名不虛傳了……。」我想大概是登泰山而小天下的氣概吧?!我坐在司機座旁，對他笑了笑，他更高興起來，馳車急速，沿途不停的說些和歌山的許多名勝……。不一會兒，我們到了和歌浦，確實是一片欣欣向榮的氣象。居高臨下，眞是一個好名所。要講情調，它比熱海，更顯著有些秀氣。如講景色，它比日本三大名勝中的宮島和天橋笠古趣優雅。比景色最優美的松島又有著交通的便利。我們走馬看花的轉完了和歌浦的歸路上，遠眺四山的黃昏燈火輝煌，格外引人低徊。我們又路過了前德川侯爵的私邸和松下館，司機先生又告訴我們說：「松下電氣老闆的故鄉，就是和歌山呀……」這話雖然沒有考證，卻也讓我們獲得了不少的社會知識。

當我們的車到達和歌山驛的時候，已是暮色低垂，在驛前的喫茶店中稍稍休息了一會兒，我們又擠上了五時十五分發南海線快車，沿途已是萬家燈火了。經難菠換乘地下電車到梅田，又改乘阪急線電車，回到服部家中，愛犬小潔利又狂奔出來歡迎。我扭亮電燈，開了電視，七點鐘的新聞快報正說著：「人們去白濱旅遊的多少人，去奈良、京都旅遊的多少人，去嵐山『狩紅葉』的，去有田市『狩蜜柑』的……。交通事故死的，傷的多少人……」一五、一十，數個不停。聽著這些報告，令人不寒而慄，有如隔絕於塵世之外的感覺。

治歌和治夏參加日本文部省（教育部）招待外國留學生到能登半島旅行見學去了，三天後才可以回家。孩子們的父親一大早又去信州看法學權威渡邊先生了。我獨自一個人，晚餐簡單的吃了「目玉燒」和麵包，品茗著臺北痘弦兄嫂帶來的「凍頂烏龍」，想著日本秋月春花，眞是四時風光無限。又想起在日本常常看到的一個「見」字來，這個「見」字，也非常有情調的。例如「雪見」、「花見」、「月見」……等，這些「見」都是欣賞的意思了。細細想來，在日本大概不能吃的東西都叫做「見」，能吃的東西都叫做「狩」了。再仔細想想，果然不錯，就是紅葉，也可以炸來吃的呀！上週，我們陪著臺灣師範大學教授賈馥茗、王秀蘭兩位大姐同去箕面公園賞楓時，不只是飽餐了紅葉秀色，一路上，我們也和小朋友一般的邊走邊吃「炸紅葉」，味道清香，而且又脆又甜，別有情調。直至今天，紅葉的芳甜依然滿口。這份悠閒的情趣，只盼望友朋自故國來日本一同分享了。

（聯合報副刊）

京都大雪

每年到了「臘八」，天氣就眞的冷起來了。元月十六日，是我們臘月初九日，清晨起來開了屋門，雪光映照得屋裡份外光亮，四望白茫茫中，松樹上都是一層冰殼，太陽升起來的時候，照得冰樹玉枝，寒光激射，確實是璀璨美麗。

我穿了厚大衣，戴著頭巾，雪地裡踏著碎瓊亂玉，由十三驛乘上開往京都的阪急線電車，經過了三十六分鐘的奔馳，絲毫不誤的到達了京都市河原町驛。

京都的雪下得眞夠大，滿天彤雲，片片大雪紛紛揚揚落在參差高低的屋頂上，落在平坦的馬路上、落在人們的身上……。老樹的枝椏間都積滿了層雪，有的枝椏似是負不起積雪的重量，一大片、一大片的向下掉落著雪塊，無聲的、靜靜的都傾在地面的積雪上了，天上、人間都是白的。我爬上了京都市內銀閣寺的電車，這古老的電車慢條斯理蹣跚的在大雪中緩行著，每站上車的人們，臉上好像戴了雪面具，身上也都臃腫多了，十分有趣。經過二十分鐘時光，我到了北白川驛下車，這人跡罕到的文化區，雪飛似乎是更狂妄了，路面深雪沒脛，雪中越過斜道，我踏進了京都大學人文科學研究所。這所十九世紀義大利式的建築，更粧點成瓊樓玉宇了，連高懸在峭壁上的日晷上面也都堆滿了白雪。推開了高大的中門，廣廊裡好像是比平日更寂靜了。寬大的兩廊環繞著的陳列櫥中的許多中國古物，因為雪光映照得更加古樸明亮，更顯出了我國古代文化的光輝，使人發出思古的幽情。院中長方形的噴水池，也積滿了雪，可愛的鯉群都到哪裡去了？中庭裡有誰堆了一個比我還高的大雪人，唯妙唯肖，很是神氣……

進入了明窗淨几的研究室內，暖氣襲人，才把路上的寒冷與辛苦消盡。俯視鱗次櫛比的潔白屋頂，令人覺得雪中的京都很是可愛。

是的，日本許多大都市中，京都是我最愛的。這原因不僅是它的格局完全仿照我國唐朝首都長安的建築，街道方正，氣象宏壯；而且，直到現在，那近代化的方直的柏油馬路上，仍是車輛稀少，十分幽靜。人們言語動作也很斯文，一點兒沒有大阪那樣令人頭昏欲嘔的煙薰氣。又因為京都是古文化區，沒有遭受任何轟炸破壞，所有的史蹟名勝，都完整的保存下來了。像是從前的皇宮御所、德川幕府的居所二條城，以及桂離宮、修學院離宮、平安神宮、清水寺、銀閣寺、金閣寺、三十三間堂等，都是膾炙人口的觀光勝地。京都除了宮苑多、寺院多，最大的特色是大學多、學生多、書店多。最有名的國立京都大學，歷史悠久，學生程度高，與國立東大齊名。我最喜歡京都那些新新舊舊的書店，京都大學附近的古書店最多，每當我在京大附近的古書店中閱覽選購書籍時，禁不住總會想起北平琉璃廠的書店街了，多麼盼望早日重溫我們古都舊夢啊！

京都大學人文科學研究所裡的東方文庫，藏有中文書籍二十萬餘册，琳瑯滿目，堅實充盈。共同研究室裡寬大舒展，安靜得只聽到書頁翻動和筆尖唰唰寫字的聲音。在這裡做研究的人們，除亞洲地區國家的留學生和學人外，遠自歐美許多國家來日本的留學生學人更不少，他們當中很多人會說中國話，而且四聲都很標準。指導教授們，許多位蜚聲國際的學者中，好幾位是曾經留學中國的。

下午休息的時候，大家因爲賞雪，竟然聚在一塊兒，破例聊起天了。有人說，京都的雪總是大；有人說，東京的雪下得也夠猛，公共汽車不能通行了，羽田機場停留著許多飛機，經由日本列島主島的東海道新幹線麻痺，能登半島雪高一·七二公尺……日本人叫大雪是「白害」……。

蓄著黑黃色鬍鬚、身軀高大，對中國古典最有造詣的瑞典朋友泰遜，他聽到了「白害」兩個字，興奮的、響亮的用中國話清澈的說：「白害的白字，也是來自中國了。我記得春秋時代越國范蠡有一段文字——『臘前得兩三番雪，謂之臘前三白，若要麥，見三白。』就是說，臘月以前，如果下三場雪，第二年的麥子就有好收成。實際上，陽曆元月能下幾場雪，也同樣的幫助農作物的生長了。唐朝張鷟的文字——『正月見三白，田公笑吓吓，要宜麥，見三白。』這許多話都證明下雪對人們是有益處，對不對？」

一位研究中國文學、精通六國語言的西德朋友李雅接著說：「最早用文字說明雪花是六角形的結晶體也是中國人啊。唐朝高駢的對雪詩，我記得是——『六出飛花入戶時，從看青竹亦瓊枝……』宋朝韓琦的詠雪詩，我也記得——：『六花來應臘，望雪一開顏……』他們都說明了雪花的簡稱是六花。古人看見下雪，都是非常喜歡。西方的科學界到了十七世紀才解釋雪花是六角形的。我記得有這樣的記載——『冷氣在攝氏零下二十三度以內，雪花就成為細微的針狀，如果寒冷超過攝氏零下二十三度，雪必然成為六角形了。……』中國文化眞是偉大壯嚴，而且歷史悠久。」

座中一位名字叫潔克的美國朋友，雖然三十多歲，但仍是很天眞，他在臺北有一位姓王的中國乾媽，他高興的說：「我懂得的中國事情多，愛吃中國的東西多。我最喜歡吃的是色像瑪瑙、甜又不膩的哈密瓜，誰知道出產在中國什麼地方？」有人爽朗的回答說：「當然是新疆的哈密了。」潔克十分得意的哈哈大笑：「雖然哈密也出產哈密瓜，可是哈密只是因為哈密瓜的集散地而出名是不是？眞正產哈密瓜最多的地方是哈密西面吐魯番盆地的鄯善哩！」

另外一位名叫酒井英子的日本小姐，頗有點風趣的說：「日本風俗，除夕夜裡守歲，大家飲『屠蘇酒』，這『屠蘇酒』的來歷出處是什麼呢？也是由中國來的嗎？現在雖是難得飲『屠蘇酒』，然而新年人們狂飲是事實了。」大家都沉默了沒有話可答，幸虧我在家鄉時常常跟著母親翻讀《金匱要略》、《靈樞經》、《難經》、《神農本草經》等，約略記得一些，我說：「屠蘇原本是一種闊葉草，中國南方風俗，有的房屋上面畫了屠蘇草作為裝飾，這種房屋叫做『屠蘇』，住在『屠蘇』裡的人們釀的酒叫做『屠蘇酒』，這種酒是用大黃、白朮、桔梗、蜀椒、去目桂心、去皮烏頭等幾種藥草釀成的。因為以上幾種藥草的藥性和功效，都是治防疫病的，所以古時除夕飲『屠蘇酒』，完全是爲了防疫保健的。現在人們沒有『屠蘇酒』可飲，於是都以普通酒來表示除舊佈新的心願，同時祈求大家健康來迎接新年了。」

幾位不同國藉的朋友都欣然的笑了，不約而同的說：「果然『屠蘇酒』還是來自中國……」

泰遜又提起新年前他到臺北的觀感了：「中央研究院的規模實在壯麗，藏書甚是豐富。中山博物院更是宏偉，由故宮保存運來臺灣的許許多多珍貴和難得的精寶遺品，確實使人敬佩欽羡萬分……。」同時對我國文化學術界傳統的古道熱腸，也更是非常感動！他很感謝臺北許多朋友忙中迎送，而且熱情招待，上海、北平、四川、湖南、山東、臺灣……許多省的飯館，他都吃過了，他說，都是好吃得很，又說雖然誠知自己身是客，可是，中國的一切他都很喜歡。並且一再的說：「王雲五先生的四角號碼用起來很是方便，我自己正在用四角號碼編纂中國資料，我是王雲五先生的忠實正統……。」

室外的大雪，仍是紛紛揚揚的漫天捲下，校院裡棵棵松樹上，都像是剛剛彈過的新棉絮，沉沉下垂著，有的松枝被雪壓彎曲著伏在地上了。研究所前面的古老小神社，也變成了瑤台，旁邊巷子裡，小孩子們乘了滑雪板在滑雪，白皚皚中盡是快樂和歡笑。

暮色漸漸冷冷的垂下來了，雪片在空中閃著亮晶晶可愛美麗的光輝。仰望馬路上空，燦然的燈光映照著亮晶晶的雪片，更增加了京都的美麗可愛。晶瑩的雪光和燦然的燈光，相互交映著籠罩了美麗的京都，用什麼話也形容不出來的光明美麗啊！正因爲京都的美麗可愛，份外的想念自己的祖國故鄉。離開了自己的國家，才深深的感覺自己國家的種種可愛！卅多年來，時時想念自己國家的山川可愛、草木可愛、鳥獸可愛，房屋可愛、一切的人更可愛，……，這種愛，天天在自己心中燃燒著，燃燒得我時時熱淚盈眶。

（中國時報）

兩個日本學生的婚禮

中村小姐，大學畢業後，每逢星期六，總來我們家玩。夏兒日語老師大谷君，常來我們家跟炳南研讀《論語》。人生的結合是非常奇妙的，這兩位日本年輕人，竟是在我們家認識而結婚了。婚禮設在大阪市北區堂島大橋畔的皇家大飯店內舉行，禮堂裡繁花似錦，每張桌上都放著大盆的群花，萬紫千紅，可說是賞心悅目。原本雍容大方、儀表非凡的大谷君，頭髮剪得短短的，正是我們中國的「分頭」，更顯得容光煥發、瀟脫持重。新娘溫和嫵媚，穿了閃爍光華的白色禮服，份外美麗動人。我數點著賓客人數，如同每次參加日本朋友婚禮時相似，也只有四、五十人。大谷君早在一個月前，先將喜柬寄給我們，並附有明信片一張，是否參加婚禮和婚宴，一定要早早回覆。所以喜宴的座位事先都已排好，各人順序找到自己的名位坐好，婚禮就開始了，先由媒人介紹這對新人的學歷、職業，以及新人父母的職業、經歷等等，接著介紹人，證婚人相繼致辭……，於是大家舉杯慶賀，正式吃喝起來。菜的內容是和菜西吃，每人一份，八個菜有「伊勢海老」、「牛纖肉」、「炸子雞」……，外有點心，水果、咖啡等等。親人賓客們吃喝著，婚禮節目不斷的進行著，最後是新郎新娘合力舉刀劈向那個高達兩公尺多高的大喜糕，大家都拍手加油。

我仔細觀察全場，發現在座有十五、六個年輕的男孩子，不但彬彬有禮，而且都是短短的「分頭」，個個英俊瀟灑，好像都非常有前途的樣子。

我低聲向鄰座的一位胖太太問：

「馬路上那麼多『披頭』，這裡怎麼一個『披頭』也沒有呢？」

她輕盈的回答說：

「你知道『披頭』並不是日本的中堅分子。我家的公司裡，請了許多年輕人工作，他們都是頭髮短短的，沒有一個人是『披頭』的。『披頭』雖然是個人的喜好，誰也無權制止。可是，沒有人歡迎他們的。正如同一些專愛淘氣搗蛋、無理鬧事的學生們，他們畢業了，同樣不受社會歡迎是一個道理的。我們什麼公司團體，大家在選用新人的時候，都要先來詳細調查，而且分別到他們的出身學校去『面試』，確知了他們的品格、道德……，最要緊的還要不是害群之馬，然後才決定是否聘用呢。所以，儘管有些年輕人糊塗，社會卻是絲毫不糊塗啊！………」

她說完了話，像是頗有信心似的愉快地向我笑笑，露出了雪白整齊的牙齒。

我把弄著酒杯，久久沒能說什麼，自己深悟天下「是非道理」，中外古今都是一樣的了。

喜氣洋溢中，大家天南地北、暢所欲言的縱談著，竟然忘了時間，新人夫婦以及新人家長，都已經站立在禮堂門口，等待送客了。

我們步出禮堂門口時，日本風俗，主人照例贈送給所有參加婚禮的人們每人一份精緻的禮包。這一次的禮包裡是一個令人早起的小「座鐘」，還有一塊喜糕和一束鮮花。所有的賓客們，都分享著新人的快樂，相視笑笑，分別賦歸了。

還有一位橫井昭子小姐，她的婚禮是在奈良的基督教堂裡舉行。那正是「黃梅時節家家雨」的週末，樂聲悠揚中，新郎自己面對著牧師已站立在布道的講壇前面了，一會兒，一位長者手扶著濃粧艷抹，身著彩色鮮麗「和禮服」的新娘，緩緩的進入了禮堂，聖歌聖樂煞是嚴肅，牧師一頁一頁的講讀《聖經》，最後分別的問新郎和新娘：「你愛他嗎？」新人都羞答答的回答了：「是的。」於是交換飾物、蓋圖章……。熱烈的掌聲和歡笑聲中，一對新人轉向大家行鞠躬禮時，我才看清楚了新郎是美國人，新娘臉頰因激動而泛著紅潤，更加美麗可愛。忽然，新娘的母親眼淚盈眶的，奔來整理又整理，把新娘長長曳地的「和禮服」衣襟拉了又拉，撫摸再撫摸……。禮成後，親友們跟隨在新人後面步行到了教堂附近的奈良大飯店裡，長達四十坪的大廣間中，周圍環繞著長條桌子，桌上密密砸砸都是彩色的鮮花，我們站在桌前喝「白蘭地」、「威士忌」……，新郎攜著新娘在大廣間中共舞……，新娘的父母姐妹卻聚在一處講話，似乎很是緊張。意外的，司儀高聲喊：「時間到了，送新人上飛機……。」大家以爲他們要去新婚旅行了，都湧到飯店門口祝賀歡送，新娘母親緊拉著新娘，再二再四吩咐叮嚀。新娘低著頭，眼圈紅紅的終是掉下了眼淚。萬分捨不得母親，依偎著母親，結果新郎還是將她挽著登上計程車飛馳而去了。

這時，新娘的母親哭了，自己喃喃地，又像是對親友們說：

「先到夏威夷去，過兩天，要到加利福尼亞州去呀！美國不是天堂，失業的人不是很多嗎？沒有專長的美國人，也是不容易找到工作吧?!新郎家裡有些什麼人，還不清楚呢?!萬一新郎回到美國沒有工作，我的女兒在美國又能做什麼工作？萬一兩個人鬧不愉快時，在美國有誰可以幫助我的女兒？萬一美國的親威朋友或是四鄰，對我的女兒歧視時，新郎是不是會改變態度?!到那時，我的女兒能夠忍受得住嗎?!

我是沒有任何人種差別觀念的，只希望他們結婚後能有幸福的生活！是的，幸福的生活是建築在愛情上。但，人活著是要吃麵包的，生了孩子是要吃奶粉的，孩子大了是要受教育的……。我的女兒都不想想啊！

現在交通雖然方便，可是，我女兒什麼時候能夠回來送給我看看？我又什麼時候能夠去看看我的女兒呢？我又怎麼能夠不想念女兒呢?!……

新郎是什麼學校畢業？一直還不知道呢?!天下的女兒不要走得太遠吧！……」

她越說越是眼淚流個不停，圍繞著的人們，眼裡都閃著淚光，我也忍不住哭了。

（中國時報）

服務到家的「日本空港青年」

星期六傍晚，福本、中村、木村三位研究中國文學的日本朋友，又抱了大瓶的「菊正宗」來到舍間，我只好趕忙烹調，燒了幾品中國菜肴，請他們在舍間開懷暢飲。他們最喜歡吃「糖醋大蝦」、「糖醋肉」……，都異口同聲的說：「中國菜是越吃越好吃。」大家邊吃邊談，古往今來，直敘到午夜，依然都沒有離去的表示。而且，福本先生又伏在餐桌上睡熟了。外子扶他到客廳沙發上休息，更是鼾聲大作。這時，我家的電話鈴份外震響，對方的日語說得那麼客氣：

「校長先生的住宅嗎？現在有位臺北來的小姐，要找貴校的一位先生，可是，沒有人來接她，也找不到要接她的人，她又不懂日本話，請校長先生幫忙好嗎？！……」

「哦！她姓什麼？是怎樣的一位小姐呢？」

「她在機場等了三個多小時了，現在時間太晚，我們統統要下班回家了。我只好送這位小姐先到府上，你說行不行？！……」

我們雖然不認識這位小姐，可是，同在異國爲異客，自然應該爲這位同胞服務了。我在電話裡說明了我家的地址，義不容辭的等待著歡迎他們。

不一會兒，一位身著「空港」制服、精神旺盛、舉止瀟灑的日本青年，很禮貌的敲開了我家的大門，自己介紹是田中一郎，又介紹了同來的中國林小姐。我請他們進入了客室，田中君驚喜的看見了睡在沙發上的福本先生，正是他大學的老師，恭敬愉快，溢於言表。田中君談吐文雅，他說小時候父親就教他讀過《論語》，現在更欽慕自由中國……。我對田中君說：「我們中國人對服務周到的人，譽爲『服務到家』。你現在眞是『服務到家』的，把林小姐送到我『家』來了……。」他高興的笑了，同時起立告辭，踏著月色，健步如飛的離去了。

我的睡意全消，要安置這麼多客人住在家中，換被裡、找床單、縫枕頭套……。忙過一陣後，我請林小姐一同吃消夜，她只低著頭淌眼淚，十分委屈不安。我問她：「爲什麼來日本？有什麼親友在日本嗎？……」她嫵媚羞澀的微笑了，雙頰上泛起了紅暈，不好意思的又低下頭，細聲的說：「一年多以前，臺北朋友介紹了一位男朋友，他就是貴校的老師，剛才我請飛機場打電話來了，非常對不起！」她的聲音再一度的低細，接著說：「我們往返了許多封書信。這一次，正是由他給我辦好了來日本的手續……而且，我和他在越洋電話中約好了——飛機到達大阪伊丹機場的時間，是今天晚上日本時間八時三十分。飛機是準時到達的。可是，他始終沒來接我。我不懂日本話，自己不敢行動，直等他到深夜，心中七上八下，實在進退維谷……」她似嘆息、似調侃的結束了她的戀愛經過。我又問她：「你來日本前是什麼計劃？這位先生在你心目中是怎樣的人呢？……」她低低的說：「已經說好了，來結婚的……。」我仔細詳她，眉目清秀、性情溫婉、個兒高高、斯文端正，大約二十七、八歲，是位教養很好的可愛小姐。從她脈脈的眼波中，我想像得到，她男朋友的情書，寫得多麼使她傾心?!

我安慰她：「你說的這位老師，平日在校中沉默寡言、服務熱心，是一位很好的老師。……他是全部心力爲教育文化做貢獻的人……。你們既是約好了要結婚，今晚先安心的在舍間好好休息，明天一大早，我請他來接你……。」

她淺笑了一下說：「他是不是有意騙我呢？爲什麼不來接我呢？這不是故意冷落我嗎?!」

我悄聲的告訴她：「這位先生是位眞君子。你先不要多疑，好好休息吧！」

第二天是星期日，這先生的住所沒有電話，我找校工專程去通知他。當他們兩位在舍間會面時，非常榮幸，介紹人竟然是我。這位先生歉然的說，昨天晚上在機場裡沒有找到林小姐。他們彼此沉默了許久，林小姐淡抹的臉上，還是掛著淚珠兒。終於羞怯怯的同這位先生一塊兒上計程車去了。

我們原以爲林小姐和這位先生，很快就會舉行婚禮的。可是，出人意外，過了不幾天，林小姐不曾向我辭別，竟然逕自飛回臺北了。這就是佛家所說的「緣」嗎？難道他們是沒有「緣」的嗎？我悵然若有所失。想著那位「服務到家」的「日本空港青年」，我對他那認眞負責、卓越的服務精神，感到十分的敬意，這也是日本復興的原因之一吧?!

（幼獅文藝）

小狗的喪儀

每當我們路過狗店時，看見籠子裡擠在一堆的小狗，有黑色的、白色的、米黃色的、咖啡色的……，有的叫得出種名來，有的叫不出種名，都很可愛。歌兒和夏兒更是看得賞心悅目，喜愛的不忍離去。

有一天，孫總領事由西宮市親自抱著一隻類似「土佐犬」的混合種小狗送給我們，這隻小狗的模樣竟然眞的很土，牠的眉眼卻挺清秀，看起來很聰明。我輕輕的拍拍牠，牠就親親熱熱的搖搖小尾巴，好像是已經善解人意了。

歌兒和夏兒非常高興，把牠收養在我們的起居間中，在地板上給牠舖了個小臥舖，全心全意的教養牠。姐弟兩人按時餵牛奶、餵菜、餵飯，又按時給牠洗澡……。每天清晨和傍晚，輪流牽牠出外散步；有時教牠跳、坐、握手。

牠實在是伶俐，乖乖的搖搖晃晃的在地板上不斷的表演。漸漸的，牠的行動敏捷了，會頑皮搗蛋了，夜裡會偷偷的爬到歌兒和夏兒的臥室去，有時睡在歌兒的枕頭上，有時又睡在夏兒的枕頭上，相依相守，甜蜜快樂的寸步不離。可是，聽到我叫牠的名字時，牠會飛快的跑回自己的臥舖上。我們全家都喜愛牠，給牠取名叫「潔利」，牠給我們全家帶來了許多夢想不到的快樂。譬如，我們家大門的鑰匙一響，牠就直奔大門口，熱烈的歡迎，搖著尾巴又跳又吠，而且在院子裡狂奔一番。如果是我一個人在家中看書工作，牠就靜靜的、心安理得的待在我的腳邊陪伴我。這許多情景，實在感人。牠眞是土得忠厚地道、心地良善。

不多久，牠長高、長大了，牠會溜到後院裡，溜到馬路上自己玩耍去了。有天傍晚，牠狂吼著奔回家時，鑽到自己的窩裡去，低低的、斷斷續續的哼著，像說話、像訴苦，我們拿了手電筒仔細看時，牠渾身都是爛泥，太陽穴正中碰傷了，破了一大塊皮，紅紅的在滴血，大家急忙的給牠消毒擦藥，牠安靜的一直舔我們的手，又擠在我們的身邊不停的搖尾巴。不知道是喜悅親切還是委屈？牠了解自己受了傷痛，必須要回到自己家中來。狗是有靈性的、是可愛的。

日子飛快的過去了，「潔利」到我們家來，已經有一年了，一天黃昏，我先下班回家時，牠沒有飛奔來迎接我，我有些奇怪，急忙跑到後院看牠，「潔利」靜靜的躺在窩裡，胸前有五隻小狗在擠著、爭著吮牠的奶。這些小狗，都很漂亮，看來挺拔不群。歌兒和夏兒回家來，就忙著用幾個小碟子盛了牛奶餵牠們。小狗們喝牛奶時，都是四腳踩在盤子裡轉著喝。「潔利」的性情眞好，完全具備了母愛，牠等小狗們喝飽了時，才親切的、禮貌的先看看我們，搖搖尾巴，低吠兩聲，再來舔舔我們，像是表示感謝；再去舔喝那些剩餘的奶汁和奶痕。

此後大家都忙了，每天早晚起床或是回家時第一件事就是先看牠們，對牠們噓寒問暖一番。歌兒和夏兒更是和牠們玩得連吃飯都忘了。每當我在煮飯做菜時，小小狗們都會隔著玻璃門看我，聞著菜肉香，更會衝著我直叫、直搖尾巴。看了牠們的許多動作，誰都會喜愛牠們的。漸漸的，牠們茁壯起來，目光炯炯有神，愈是可愛。當牠們可以自己東跑西跑了，左右鄰居都來選他們喜愛的小狗，把牠們抱著走時，「潔利」心痛得虎視眈眈，不停的高叫狂吠。

時光流逝，又一個春寒料峭的深夜裡，朦朧中聽到一聲聲的低吠，清晰而微弱，我們躡手躡腳的起來，悄悄的往「潔利」窩裡尋著，只見一團一團的小東西在「潔利」身邊蠕動，我們數一數，這一胎竟生下了八隻小狗，都蜷伏在「潔利」的身前。歌兒和夏兒又忙著舖毛氈、忙著用棉花醮牛奶餵牠們……。大家犧牲了睡眠，爲了八隻小狗，累得精疲力竭。「潔利」總是十分信賴滿足的向我們搖尾巴，然後才又慢條斯理的喝那些剩下來的牛奶、舔那些奶痕。她似乎有把握，這一次，誰也不會搶走牠的孩子們了。

說來十分內疚，是怪我沒有盡到照顧牠們的責任吧？八隻小狗生下來的第三天清晨，竟然暴斃了三隻，我們要將小狗屍體拿出窩來的剎那，「潔利」忽然大口的搶吞了一隻，驚惶的我們還是拖出了兩隻屍體；「潔利」垂頭喪氣，悲悲切切，吠的聲音十分傷痛。我和這些小小狗們，雖然沒有深厚的感情，看著「潔利」的傷悲，也非常難過。我正要將兩隻小狗屍體扔到垃圾箱裡，歌兒姐弟倆堅決不贊成，說是會有傳染病的。兩人急急的給市政府衛生課打電話，我說大家都忙，哪有人會顧到小小狗呢?!就在我們意見紛爭，我堅持不會有人來拉小狗屍體的時候，豐中市政府衛生課的大卡車已經開到我們家門口了。下來兩個衛生員，謹慎的如臨喪儀一般，將兩隻小狗的狗屍放在紙箱裡，又鄭重其事的送上大卡車，再把附近環境消毒之後，才拉走了。我心中像丟失了些什麼，歌兒和夏兒兩個孩子眼睛裡都噙滿了淚水……。

一件小小的事情也要一絲不苟嗎？一個國家的興盛和富強，是國民的一點一滴累積起來的嗎？我上了小小的一課。回到後院裡再看「潔利」，牠似乎已經平息了震怒，正在假眠，看到我們來了，又睜開眼睛，又向我們搖尾巴了。剩下的五隻小東西，仍然擠在「潔利」的懷裡蠕動著，爭著索奶吃。

（幼獅文藝）

日本的「寶納司」

親愛的少年朋友們：

今晚我比較清閒，周遭的環境也很安靜，我悄然坐在「榻榻米」上的小桌前，攤開紙，拿起筆，我要給我喜愛的少年朋友們寫信了。親愛的少年朋友們！你們猜我的心情是多麼高興啊！

你們有沒有幫助父親母親常常把家裡久藏的書搬出來曬曬呢？藏書是一件樂事，也是一件苦事。我們藏有的書如果不曬太陽，就會發霉，或是會被蟲蛀了。但是曬多了，又容易發黃變顏色。假若有善本、珍本的書，收藏的時候更要小心慎重了。所以我們希望能夠有一種紙張印成書以後，可以歷千年萬年而不變質，也不被蟲蛀才好哇！你們是不是有同感呢？

從前人們是用碎布製紙，裡面含有多量的鈣和鎂的化合物，而含酸較少，所以具有保護劑的作用。特別是人類印刷術還沒有發明的時候，凡有用手抄寫的書籍，都能夠常久保持原來的色澤和韌度，從書本上取下一頁紙張，摺疊幾百次也不會破損。漸漸地，人類的文明迅速地發展了，無論書或是雜誌，用紙的數量急劇的增加，如果仍用百分之百的碎布所製成的紙張來印刷，那麼所有書籍的成本，實在太貴了。所以就改用自木材中取出的紙漿造紙，也正是現在我們所有書籍的用紙。但是用木材中取出的紙漿造紙，先要經過造漿、漂白和上光等步驟，都是用許多化學物質，於是又有了酸性作用，又削弱了纖維質，造出的紙容易敗壞。所以凡是家中藏有幾本書，講究保管的方法，眞不是容易的事啊！

自己家裡的書已經收藏不易，許多圖書館和書店又如何收藏那麼多的書呢？我是不是在替古人擔憂呢？日本的新書店很多，舊書店更是遍布各地，尤其是東京的神田和京都的大學區附近，林立櫛比，琳瑯滿目。我常常覺得日本人很會運用我們的漢字，譬如日本戰敗投降，他們自己說是「終戰」，出售房子說是「分讓住宅」。這「分讓住宅」四個字看起來多麼客氣文雅，可是眞要買他的房子時，一分錢也不可以少哇！舊汽車叫做「中古車」，舊書店都叫做「古書店」了。細細琢磨琢磨，「舊」字是不太受人歡迎喜愛的，可是「古」字，意義似乎就深奧雅致多了，是不是呢？這些年來，眼看著日本經濟復興了，學校林立，公私立大學增多，圖書館多，教授先生們的個人研室多，還有許多研究機構紛紛成立，大家都在儘量蒐購書籍，大街小巷的「古書店」也一天一天地增多了。許多大百貨公司裡又常常舉行「古書展覽即賣大會」，每逢夏冬兩季，日本各機關、學校、商行、店鋪都發「寶納斯」的時候，許多古書商必然爭著舉辦「古書即賣會」，實際這正是他們的生意經。所謂「寶納斯」就是英語的 Bonus，和我們中國雙薪的意思略同．但是比我們的雙薪可就神氣多了。「寶納斯」的數目一次可以拿到半年以上的薪水。像去年冬季，三十歲上下的薪水階級的人，可以拿到日幣一百多萬元；四十歲上下的人，可以拿到兩百多萬元呢。這許多錢的一部分就透過了「古書即賣會」流通到古書商人的手裡了。「古書即賣會」裡要買中國的書籍和字畫也很方便。許多中國線裝書在日本也可以買到。實際日本「古書店」不一定專賣舊書，書架上常常摻雜著新書一塊兒賣，就是舊書，價格也貴得驚人；不過「古書店」和「古書即賣會」中，買書時都很方便，因爲每一本書都用小紙簽註明了價格，買書的人可以隨意閱覽、隨意尋找，可以把自己喜歡的書收抱一大堆，出門時在櫃臺邊兒立即可以算帳付錢了。如果腿不太痛的人，隨意站在「古書店」的書架前或「古書即賣會」的賣場中，自己取書閱讀，讀到會心悅意處，那又不是言語所可以形容的了。還有許多肯上進而無力買書的人，常常把「古書店」和「古書即賣會」當作是圖書館，忍耐著站立的辛酸，盡情地閱讀，從沒有人過問。這也是一種快樂呀！

日本許多「古書店」，常常把他們的圖書目錄寄贈給我們。我們可以不必先匯錢，把他們附來的卡片填上所要買的書名，再郵寄回去。他們接到了這種通知，就把書和發票很快地郵寄給我們了。我們郵購的書多半是平日不容易找到的，或是印刷册數有限的書，價格雖然比較貴些，可是卻很方便、省力，又省時間。日本「古書店」只要和他們做一、兩次交易，他們就會不斷地寄目錄來，這些目錄積多了，也非常有保存的價值呢。

日本許多大學設有中國語文、中國文學、中國歷史、中國哲學等的科目，他們都在搶購線裝書。甚至歐美許多大學也都來日本搜購，所以許多「古書店」的線裝書不但價格奇貴，而且越來越不容易找到好書了。

親愛的少年朋友們！看看許許多多的人搜購中國古書，實在使人無限感慨。我禁不住又想起了北平琉璃廠的書店街了，過去每逢閒暇曾流連其間。多麼盼望早日重溫故都舊夢啊！記得三十八年離家南奔，匆忙中只帶了幾本珍本的小書出來，輾轉到了日本，卻又散失不少了。現在仍在手邊幾本從北平琉璃廠書店所親手買得的小書中，我最喜愛的是一本小得極可愛的《清祕閣藏版的手摺本詩韻》了。這小得可愛的詩韻小書，只比火柴盒大一公分，字跡卻是十分清楚。許多朋友們羨慕喜愛，曾有朋友特別請我們全家吃中國火鍋，爲的是借這小小的《清祕閣藏版的手摺本詩韻》拍照。這小得可愛的詩韻小書，也爲我們和日本朋友們一塊兒作詩時所最欣賞的。如今想起來，更是盼望早日重回家園；但是眞回到了家園，而北平琉璃廠的風光，慘遭劫餘，一定也大非昔比了啊！

好了，說得又多了，還是商量我們怎樣藏書吧！將來大家保存書籍應該容易了。聽說現在發明了一種製紙的方法，是用碳酸鈣處理纖維而製成的紙張。據說可以保存八百到兩千年的時間，這種「千年紙」是採用特長的木料纖維浸以碳酸鈣，作爲緩和酸類的化學劑。這種紙張的價格並不太貴，人們一定可以普遍應用了。豈不是讀書人的好消息嗎？

夜又深了，治夏歌姐弟又來催我快睡，我以喜悅的心情遙祝

大家健康快樂

張慧琴　八十七年三月二十一日

（臺北國語日報）

日本「秋芳洞」之遊

好多年，早就聽說，山口縣有個秋芳洞，風景十分優美，是個觀光勝地，多少人都心嚮往之。

日前，日本教育學會年會，在山口縣湯田溫泉舉行，群賢畢至，內容充實，有聲有色。會後，因為這裡距秋芳洞很近，所以便利用餘暇，約好仙臺、東京、橫濱、神戶幾位頗有遊興的朋友同往一遊。

揮別常盤觀光大旅社，在馬路對面乘上開往秋芳洞的巴士，道路平坦寬闊，秋陽下風馳電掣地向前奔進，遙望青山綿綿不斷，阡陌花草，樹木蔥綠，秋風鳥語，景色十分怡人。兩側農家房舍，更整齊得清潔可愛。雖在僻野山村，各處也沒有積下什麼果皮罐頭，也沒有破紙亂髒雜碎，日本人的公德心和自重自愛精神，實在令人深省。

車子馳行約一個小時，就到達了這個名聞遐邇的秋芳洞。洞前商店街觀光店舖林立，都陳列著山口縣特產的大理石雕刻飾品，種類繁多，小巧玲瓏，精緻實用，令人愛不釋手。最驚喜的是洞門前，高懸著斗大的中文正體字「歡迎中國觀光旅客」的字幕。近多年來，我國內上下齊心努力，經濟富裕，定是從海峽兩岸三地來的同胞遊客甚多，也爲這裡增添了不少繁榮的緣故，想來頗覺身有榮焉之感。

兩日前，離開大阪時，還正揮汗如雨，來到秋芳洞口，已是清爽得略有寒意。遊人如織。洞口成橢圓形，看到洞旁的說明，才知道洞口高二十四公尺，寬八公尺，洞深則有十公里。走進洞內的如架橋般的板道上，舉目望不見洞頂，這神祕天然的秋芳洞，一年四季氣溫都是攝氏十七度左右，冬暖夏涼，舒適怡神。一排一排裝置在各處的電燈，明亮耀眼，眞是「前人種樹，後人乘涼」，了不起的愛心。我們順著高低、崎嶇的板道和大小石塊砌成的陸路，曲折前進，有時洞壁狹窄的，只能容許一個人行走，有時又豁然開朗，像個廣大的大廣場，最高的一處竟高達八十多公尺，寬有兩百多公尺。廣場之外，最低之處，又須屈身低首匍匐前進，一不小心，便會碰傷額頂，驚險怕人。洞內湍湍流水如瀧如淵，又有百枚皿大水窪，步步高升，窪皿內充滿了清澈的泉水。洞內岩石，又是奇形怪狀、形形色色，有南瓜岩、苞柿岩、大松茸岩、傘岩、大佛岩、蓬萊山岩……，都閃爍著銀光。還有石柱、石筍、鐘乳石、黃金柱等等，高掛洞頂，鮮艷奪目，氣象萬千，美不勝收。板道或石路的兩側或腳下，有時又有悠悠的小河、小小石橋，或只可觀望而不能進前的幻境。秋芳洞裡變化多端，神奇的令人說不出的輕鬆愉快。

我們在洞內瀏覽，享受了一個多小時，才又驚喜的乘上電梯，升至去秋吉臺的洞口，洞外秋陽高照，秋風爽人。步行約二〇〇公尺，便到了又一個日本的國家公園——秋吉臺，這一區劃，面積約四、五二〇公頃，是日本最大的岩溶化臺地，眞是美麗的岩溶化臺地哟。山風漸緊，當我們跋涉登上秋吉臺的展望臺上，那風已吹得我頭髮飛舞，腳步搖搖。遙覽附近，有博物館、國民旅行村、青少年宿泊訓練所等等。展望在眼前的是，遍山遍野青草蔥翠，廣闊之中，美麗數不盡的火岩石點綴其間，織成一幅自然詩篇，令人忘卻了旅途勞累。

從秋吉臺更有開往青海島的巴士，在湯田溫泉旅邸時，我們已經問好，遊秋芳洞和秋吉臺之後，還能順遊青海島，並且已訂好了車票，所以下了展望臺，又急急趕往去青海島的巴士站，車子如時開發，我們衝入山草蔥翠的廣場中，居高臨下，綿綿不斷的山，朵朵火岩奇石，圈我們在詩境畫意裡，令人飽嘗了自然的饗宴。車行約四十分鐘，腥鹹的海風已迎面吹來，下車稍稍步行，即到了青海島的碼頭，這裡也是林立著觀光土產的賣店，多以海產物爲中心，又是遊覽汽艇，供人周遊島濱海域，只可惜海風過大，爲了遊客安全，船公司警告大家，不能遍遊全處。我們買票登艇，已是座無虛席。遙遙望見日本海、蔚藍無盡的波浪，水光天色，混成一片。海波衝激著遊艇，浪花時時打進艇中。眼前展開的是青海島周圍的勝景，耳中聽到的是遊艇中導遊小姐一遍又一遍，熱情認眞的講述青海島上的名勝史蹟，又不斷的拉長歌喉，唱著當地的民謠。我對這位頗具鄉村風味而熱情純樸的小姐，特別有好感，所以便拿了相機，拍了張紀念照片，她遞給我一個笑靨，是那麼天眞可愛的帶著土裡土氣的土香。

海風高、海浪大，遊艇回到碼頭，已是夕陽下山時，仙臺、東京、長崎各地的朋友們，大家匆匆買了些海鮮類土產，匆匆趕上開往小郡驛的巴士，從小郡驛轉乘新幹線電車。我們回到大阪，已經是夜裡十時多，東京和橫濱的朋友們，抵達京濱時，大約要在夜深一時，而仙臺的朋友，恐怕要在東京過夜才行。

一九九七、秋（明道文藝）

第四輯　思母

母親啊母親

昨天夜裡，睡夢中又跟我慈愛的母親相依相守的一塊兒說話談心了。又好像我小時候一樣輕鬆快樂，母親在煮紅燒魚，我在幫忙母親摘豆莢……。又聽到母親說：「該去溫習功課了，快去吧……」我還是在東摸摸西找找的磨菇時間，母親又溫婉的申斥我了。母親愛我的深情，不是文字所能描寫的。夜裡，我重溫了母親給我的慈愛，醒來心中悵然疼痛，但耳畔彷彿還依稀聽到母親慈愛的呼喚聲。可是啊！世間就是再怎麼樣的廣大，醒著的時候是永遠再也找不著我慈愛的母親了。扭亮了電燈，正是午夜二時多，不，應該是這個月七日的凌晨了，啊！二十年前，此時正是我慈愛的母親離我們辭世的時間。是的，今年此月此時，母親逝去整整是二十週年了，莫非眞的母子連心？何以母親又來我異鄉的孤夢中慰我？母親啊母親！雖又如曇花一現的瞬間，也使我得到無限溫暖。在這過去的二十年中，我朝朝夕夕思念母親的痛苦，又何曾得到片刻息寧？母親的慈影，天天映現在我的面前，母親的慈語，時時響在我的耳畔啊！

記得母親在世的那年嚴寒冬天裡，就是日本鬼子在蘆溝橋放了侵略中國第一槍的那年十二月，新年快要來到的時候，可是，誰家也沒有什麼年忙，也沒有購買年貨的熱鬧、沒有任何新年的氣息。有的人家雖然自己畫張年畫或是寫張對聯貼貼，但，那也是慘淡的。年老人的心情似乎矛盾，希望把日本鬼子早早打跑，又希望留著兒子在家裡團圓。龔伯母的大兒子——龔大哥，就是那年十二月廿六日結婚的。母親吩咐大姐和我去賀喜，我們家雖也有些華麗的衣服，可是，誰也不敢也沒心情穿，我們只穿了母親親手做的布棉襖，上面又罩了件舊布掛，又穿了黑布裙。那麼酷寒的深冬，凍得我們在寒風中打顫。我們雖是穿了無光無色的衣服，龔老伯還是請我們坐在客位上，客廳裡只擺了三張圓桌，都坐滿了親朋好友，新郎新婦草草的拜過天地後，就開始喜宴——四個菜、一個湯，吃饅頭。四個菜當中，有一碗是紅燒肉，大家吃得津津有味，但是，心情都很沉重。回家告訴母親時，母親還開玩笑說：「你們姐妹也都快快做新娘吧……」誰也想不到，就在那天深夜一點多鐘，淒厲的槍聲，爆破了寒夜的寂靜，馬蹄奔騰，狼犬狂吠，人聲嘈雜喧囂，日本鬼子又出城「掃蕩」了。就在這個你死我活的夜裡，許多年輕人為了國家民族，為了自己不死就不怕死的跑上山去打游擊了。龔家的新郎大哥，就在新婚的那個深夜，也跑上山去了。

被迫害被奴役、不安的日子，也過了一年，那是蘆溝橋事變的第二個冬天，中國人在死亡的邊緣仍是胼手胝足的拚命工作，可是，生活一天比一天艱苦萬分。有一天傍晚，龔三姐來請母親到她家裡去餐敘，我扶著母親剛下了人力車，龔伯母已經到門外迎接了；灰濛濛的天空，正飄起雪來，大朵大朵的雪花，飄落在龔伯母和我們的臉上，她老人家好像一下子衰老了許多，正因爲受著椎心的傷痛吧？那時龔大哥離家出走，去參加抗日游擊隊，已是一年沒有家信了。晚餐時，龔大嫂擺好了菜肴，我嚇了一大跳，在那沒有魚肉的時代，請我們吃大滷麵，還有四個菜。我稀罕的低著頭慢慢的細嚼慢吃，龔大嫂是一點兒也不吃，只是靜靜的坐在桌旁抱著孩子，孩子哭了，用臉貼著滿鼻涕眼淚的臉，她自己的眼淚比孩子流得多。龔伯母眼中噙著淚水，反覆的小聲和母親說話，母親聽著聽著，一滴滴淚珠兒，都滴落在面前小碟裡了。龔三姐親切的忙著招待我們。母親啊母親！當時，我哪裡完全懂得你們兩位老人家那麼痛心的哭泣呀？

時光不停的疾駛，大家不斷的逃避飛機炸彈，以及在刺刀煎熬中，又過了一年多，又是青山碧水，春光遍野，河山依舊，可是，美麗的風光卻掩不住大家的沉重與心酸腸斷。剛剛過了清明節的一個陰霾密布的中午，我們家正準備吃午飯的時候，我體弱好學的大哥，被侵略迫害中國的日本「皇軍」劊子手抓去了。那個悲慘的中午，我研究物理的大哥，又在家中自己做著試驗，他總是那麼樣的有興趣，自己用功。忽然闖進來八、九個「皇軍」，統統持著裝有奪人魂魄刺刀的步槍，破門而入，沒有容許說任何話，就拳打腳踢的綁了我大哥奪門而去。大哥爲什麼被綁去？綁到哪裡去了？誰都無法知道。那悲慘的午餐，是我們全家人的哭泣。夜裡，我們還是只有傷心的哭泣。第二天，媽媽和我們姐妹的眼睛都哭腫了。只有正在唸中學的二哥，還稍微硬朗些。可是，他是個大男孩子，出門也是危險的。媽媽又走不動路，所以只好由我帶著妹妹，哭著去看了幾家親戚。母親啊母親！從哪裡可以得到大哥半點消息？悲痛中過了許多天，突然又是一個中午，街上敲著鑼大嚷起來了，說是「要處刑，要處刑了……」。我和妹妹也盲目的跟著大家奔跑到門外體育場的刑場去。天啊！我們剛跑到的時候，看到了我的大哥、龔大哥，還有五、六個中國青年人，強拉硬拖的被綁在刑場中央臨時立起來的木柱上，四周圍站列了幾十名持著裝有刺刀步槍的「皇軍」，我的大哥和龔大哥以及那幾個青年人，已經被打得不成人樣了。我和妹妹戰慄的啜泣著，嘶啞得喊不出聲音來。當然，在我幼小的心靈中，我已經直感的覺得這些中國青年人一定是沒命了，必是要被槍斃了。然而，天啊！我們這些亡國奴，又怎麼配費幾粒子彈？忽然間，不知是從哪裡奔吼出來十幾隻高大肥壯的「皇犬」，爭先恐後的衝跑到我大哥他們身邊去了，吠著吼著跳著……霎時間，撕裂了大哥他們的衣裳，咬破了他們肚皮、胸膛、頭顱……，慘叫聲震動了天地，鮮血飛濺，染紅了體育場中央，「皇犬」還繼續猛吼猛跳，搶奪著啃吃中國人肉、喝中國人血……。周圍站立的那些「皇軍」，竟都殘忍的拍手高笑。圍觀的中國人群，失魂落魄的號哭著奔散了，我和妹妹心膽破碎，天崩地陷了，我們是怎麼樣的哭回了家，自己一點兒也不知道、也不記得。可是，我們全身擦傷和踐踏跌撲的傷痕，一直很久沒有痊癒。

慘事發生以後，隔了好久，才傳到母親和龔伯母她們耳中，母親、龔伯母、龔大嫂都不忍相信，哭得死去活來。有時彼此勸勸，有時雖已知道人都沒有了，可仍然是不忍絕望。自那以後，我的母親和龔伯母總常啜泣，反覆的啜泣著。至性的啜泣著，兩位老人衰老得幾乎不敢認得了。龔大嫂更是可憐，整天價像淚人兒似的。忽然在一天的早晨，她把孩子送在龔伯母的懷裡，她自己哭著離開了家。後來聽說，她參加了抗日游擊隊的救護隊，槍林彈雨中爲傷患的士兵而服務喲！

抗戰時期，在敵人的佔領區裡，愛國的中國男女青年，天天都有人背著父母離家出走的，都自動的參加了抗日的行列，浴血抗敵，誓死不做亡國奴！日本「皇軍」用盡方法捕抓抗日分子，更用盡殘忍的手段殺害中國人。那些瘋狂的「皇犬」，是他們特意訓練出來的。平時「皇軍」們將大塊的牛、羊、豬肉，弄成人一般高，再套上中國長袍，裝扮成中國人模樣，訓練他們的「皇犬」搶食僞裝的中國人形肉。一旦抓到了要殘殺的中國人，那些「皇犬」就熟練的拚命的爭奪著搶吃中國人了。幾年後，聽說我的大哥是爲了涉嫌製造爆破的爆彈而被抓的。這是在快要勝利的前夕，一個在日本留過學的漢奸女兒，在敵人侵略中國時期正讀日本學校，爲了要向我們討好，偷偷告訴我們的。

我的大哥和龔大哥，他們都是被日本鬼子抓去，爲國犧牲了，他們的屍首一直不明，他們是那麼樣被殘害慘死的，已經沒有屍首了。然而，他們愛國的浩氣是永遠不滅長存人間的。龔大嫂的英勇、大孝大仁至親至愛，更是中歌兒女的代表啊！

勝利後，我的二哥由大後方歸來了，爲母親、我們全家帶來了無限的喜悅。可是，我親愛的母親時時想念大哥，所有的歡樂喜悅，都不能塡平她老人家痛失大哥的悲傷。母親逝世前的許多年，常常都是老淚滂沱的說：「大哥不會眞的死了吧？不會那麼慘死吧？應該會回家來吧？……」每次聽到母親說起大哥，又看到母親深深盼望翹待大哥歸家的那種悲戚表情，肝腸痛斷的我，只有偷偷哭泣。母親啊母親！我怎麼忍心敢將慘情告訴母親？母親啊母親！原諒您不孝的女兒吧！夜又正深沉，我低低的、痛苦的呼喚著母親。母親啊母親！

（聯合報副刊）

我永不逝去的母親

母親，我最愛的母親，世間一切事，我都能自律著自己，只有想到母親的慈愛，使我時時不能自制的潸然淚下。

我的母親，我慈愛的母親逝世已經整整五年了。悠長的日子裡，閉著眼睛，我會看見我慈愛的母親仰臥在臺北殯儀館的長榻上；睜開眼睛，更是看見我親愛的母親仰臥在臺北殯儀館的長榻上。我想念母親、痛思母親，很早就要將心中的哀傷吐訴出來，可是，刺心斷腸的往事，使我無法動筆；我不能，我不敢動筆寫母親。只要寫出「母親」兩個字，我就會全身顫慄，手腳冰冷，不能自己。因爲哀思母親深悲極慟以致頭痛、肚子痛，尤其肚子痛得更好像是五牛分屍般的向四面八方撕裂著痛，這就是所謂「痛斷肝腸」了吧？然而，母親的慈影又時時刻刻掀動著我的記憶，我明知道一戳到這個傷口，我就會滴血不止，窒息在萬分的痛苦中，但是，我卻又不能不，不能不自己情願的揭破這個創口啊！

五年了，已經是五年了，我思念母親，背著人總是以眼淚洗面，我的枕頭總是濕的，眼皮又總是腫得高高厚厚的，每天都是頭重腳輕，全身無力。看見人時強笑著，說些莫名其妙的話語……。上帝喲！我親愛的母親，如果病在床上，讓我服侍些日子，讓我和母親相親些日子，我也不會如此神魂顛倒的哀傷啊！現在追思著針針刺痛的往事，重又刺深我心上的創痛，縱然是眼淚哭乾，也不能把痛思母親的悲哀痛苦，說出萬萬分之一啊。

五十三年九月七日，是星期一，學校還沒有開課，我起床較晚，八點多鐘，還在忙著準備早餐，忽然電報局的報差急切的敲門，送來了一封電報，是我妹妹由臺北發來的。當時我的心立刻震顫了，急忙將封套拆開，裡面是「母親病重，速歸。」我讀完了電報，雖然是這麼大的人，竟也六神無主，害怕的哭了起來，眼前是一片漆黑了。可是，我又非常奇怪，當我接到電報的頭一天（九月六日），剛剛奉讀了母親九月三日的親筆信。（母親讀過四書五經，國學修養比我們姊妹都好，所以雖然早已戴上了老花鏡，給我們的信，仍都是親自動筆，說是自己寫的深透夠味。）那封信上，母親和往常一樣，說了許多話，絲毫沒有生病的徵兆，她老人家身體一向健康，無論任何艱辛困難的事情，輪到她的身上，她從不存放在心中；母親能幹、正直、仁慈、寬厚。從我有記憶以來，永遠看見母親在微笑著，一種長壽的相貌，平時說起話來清新和悅又有力量。我們都相信母親一定是長壽的。所以接到電報的當時，我自己安慰自己的想，母親是不會生病的，會不會是爲了要我早點兒辦好回臺北的手續而拍這個電報來呢？我這樣自己欺騙著自己，繼續著做早飯。

那天，孩子們的父親正到東京去出席一個學術會議，還有兩天才能回來。我的二哥剛來日本，住在大阪，我急忙先打電話請他來商議。他也相信母親是絕不會生病的。他說：「一定是母親想念你了，要你快點兒回臺北去給她老人家看看，母親絕不會怎麼樣的……。」我聽了後，只有默默的盼望著二哥的話是眞的！……但是，他這麼說，卻也有些不太近情理，母親要我早回臺北，總不會故意讓我嚇一跳的。這麼想著，我的全身還是在顫抖著，好像是嚴寒的冬天，少穿了衣服般顫抖不停。正在心魂不定的時候，家中電話鈴響了，緊接著，斷斷續續，不斷的響著，這是國際電話來了，我慌忙抓起耳機，天啊！是妹丈由臺北打來的電話說：「母親故去了……」

「你說的什麼……?!」我狂聲的吼叫了起來。驚濤駭浪般的我哭著掛斷了電話。接著四肢麻痛，兩手抽筋，手指僵硬得緊握著伸不開了，房屋、桌椅都在搖動……。二哥他們都嚇壞了，大半天，我才稍微沉靜下來。我聽了二哥的勸告，我不能這麼樣倒下去，我必須要趕辦回臺北的手續，否則我連媽媽最後一面也見不到了。於是，我神志模糊的奔跑到大阪市內中國旅行社訂購回臺北的機票，旅行社負責人說：「必須有護照加簽、入境許可、日本出入境證明、防疫證明等，才可以買機票。」這些手續我自己本來也是知道的，可是，爲什麼偏偏這時卻又都忘記了呢？我抽噎哽咽的抹著眼淚，爬上二樓的總領事館，先辦回臺入境證明，經辦人說：「好，你回家等電話吧……」我無奈何，只是簌簌的淌著眼淚。顛顫著下了樓，又糊里糊塗的從御堂筋大道乘汽車到大阪衛生院去打針，茫茫然的種好痘，又打好了針，聽到護士小姐說：「明天還要再打第二次，才可以發證明。」一路淚漣漣的回到家中，二哥也去照相館拍照片，忙著辦自己回臺北的手續去了。屋裡只有時鐘悽慘濁重的滴答聲，歌兒和夏兒兩個人畏縮在客廳裡，看見我哭著回家，也都大聲的哭了起來，我們哭得天昏地暗……。

夜裡，我失魂落魄的哭了又哭。接到我的電話後，孩子們的父親也從東京趕回來了，我們哭著商量好，我回臺北，他在這裡留守和照料孩子。夜深沉下來，屋裡如同冰窖，悲傷、哀痛、怔忡、焦急……侵襲著我。在痛哭的昏迷中打了一個盹兒，一忽兒就又驚醒了，醒來眼睛疼痛的還是湧著淚水。我恨透了自己，就是把心哭出來，也不能彌補我不孝的悔恨啊！我仍心膽碎裂的哀哭著。悲慘中，天色還是漸漸的明亮了起來，外面響起了各種喧囂嘈雜的聲音，大地又醒來了，一切都醒來了。我親愛的母親會不會也醒來了呢?!上帝啊！我的母親是眞的在昨天棄我們而長去了嗎?!

第二天——九月八日，我先到大阪衛生院再去種痘打針。頹乏無力的又到了「日本的移民局」，申辦「出國和再入國」的手續，他們看我淚流滿面的把妹妹的電報拿給他們看，都瞪大了眼睛怔住了……。我出了移民局，掙扎著又到了我們的總領使館，負責人對我說：「還要等一等……。」我忍不住的對他說：「我要急著趕回臺北奔母喪呀！……」說到「母喪」兩個字，痛徹我的心腑，我已泣不成聲，眼前天旋地轉了……。

一直到九月十日，我還沒有上飛機。下午接到了妹妹由臺北寄來的航空信，她這樣寫著：

「二哥、二姐：現在我哭著報告您們這個不幸、悲痛的消息——就是我們慈愛的母親在九月七日凌晨二時五十五分丟下我們而長逝了。我們都哭得死去活來。現在讓我稍微詳細些報告這事的經過吧，母親的故去，她老人家沒有一點兒痛苦；九月六日母親有些感冒，當天下午往隔壁醫院裡看了醫生，回家來仍是笑容滿面。傍晚，母親從樓上下來吃了兩碗稀飯，還和往常一樣和孩子們玩了一會兒，才上樓先去休息。九時半，玉立（妹妹的大女兒）到了樓上，突然發現母親坐在床上，兩手向空亂抓，玉立喊我們急忙到樓上去，可憐母親不知有多少話已經說不出來了，使人難過的天崩地陷了。我們匆忙叫車子陪送母親到臺大醫院，進了急診室是十點多鐘，醫生給母親打針吃藥，母親仍然是說不出話來，只是安靜慈祥的躺著。我們都跪在母親的病床前，我不住的在母親耳邊輕輕的喚著：『媽媽，媽媽……』同時我戰慄的祈禱上帝保佑母親平安！母親始終沒有說出一句話來。醫生又來看過，只是搖頭。我們都不敢大聲哭泣，非常害怕驚擾了她老人家。後來，我們眼淚模糊中看見母親呼吸漸漸急促起來，最後竟呼出了一口大氣；這時正是六日深夜二時五十五分，也就是七日的凌晨。我戰戰兢兢抱住母親的臉，覺得母親鼻尖已經冰冷，醫生又診斷過再告訴我們時，我們才都發聲大哭起來。妹丈給您們的電報剛發出去不久，又急急忙忙掛國際電話給您們了。我們沒有孝敬母親，母親已離我們去了，我們從此都是無母的人了。……

母親平日最愛整潔，無論怎樣忙，頭髮總是梳得整整齊齊，我這不孝的女兒，先給母親梳好頭髮。天亮了，照著母親生前所喜歡的料子、顏色、樣式趕做了壽衣，還買了母親的隨身用具。但是，這又有什麼用？我們依然是無母的人啊！母親是虔誠的基督徒，母親生前常常去聚會的古亭街禮拜堂的牧師長老們，都非常有愛心，幫了許多忙……」

請原諒，我們已經決定本月十二日假臺北市極樂殯儀館給母親治喪，今天已經在《中央日報》登了『訃聞』，盼望您們能夠趕快回來……。

三妹柏英泣書

九月七日中午

妹妹信中每個字句，都在囓食著我的心腑，我的血管凍結了。海深天闊，世間就是再怎麼樣的廣大，也永遠找尋不著我慈愛的母親了。

九月十一日我才辦好了回國的一切手續，丟下了日本的家，匆匆登上午後五時三十分由大阪發的C・A・T・班機，踏上回國的歸途了。飛機翱翔在東太平洋的上空，我焦急的心情看著它在雲層中好像是老牛一樣，爬得那麼慢，又像是穩在那裡不動。我不禁低低的唸道：「飛機啊，飛機！我急如星火的心，你知道嗎？求求你，趕快的飛吧！」回答我的只是那嗡嗡的噴射氣流的回響。外面的雲層有時堵住機窗，有時卻又飛得露出了晴空萬里，好像正描繪著我當時的冷暖、苦痛、酸楚的心情。記得三十八年夏天，我們由青島到達臺灣時，母親看到了碧藍的海天和蔥翠的竹林，使母親那家破劫餘的心情又恢復了多少的快樂和暢歡啊！如今呢？臺灣的海波該依舊碧藍，竹林也依舊蔥翠；可是，我親愛的母親呢？我忍不住在飛機上兩臂抱頭失聲痛哭起來……。

飛機還是那麼慢條斯理的老牛似的飛行著，我展望海空，希望快些看到寶島的影子！可是，那一望無垠的海上，哪裡又有半點兒綠洲？不如讓我埋葬在海浪中吧！母親啊！母親啊！我低低的呼喚著。我噙著淚水，儘量的想使激動的心情平靜下來，然而愈是想平靜卻愈是更激動起來了。幕幕的往事，始而像煙，繼而像雷電，終而像長江大河般的湧到我的眼前了。不，正像那機翼下驚濤駭浪的大海，翻滾到我的眼前來了啊！

小時候，我最愛跟著母親看書寫字。母親最喜歡吟詩，在我印象中最深刻的是母親教我讀：「慈母手中線，遊子身上衣，臨行密密縫，意恐遲遲歸。……」母親有時又輕鬆的唸些「兩個黃鸝鳴翠柳，一行白鷺上青天，牕含西嶺千秋雪，門泊東吳萬里船。……」或是感慨的低誦些：「白髮三千丈，緣愁似箇長；不知明鏡裡，何處得秋霜……」有時又很嚴厲的教我們讀：「蘇武在匈奴，十年持寒節；白雁上林飛，空傳一書札……」另外新舊小說，母親都喜歡看，像年輕人一樣看得津津有味。夜晚總是遲遲不睡，忙著做針黹活兒，我們姊妹兄弟的衣服多是母親親手做的。母親晚上睡得晚，清晨絕早，早已收拾得頭腳俐俐落落，身上永遠是整整齊齊。梳洗完畢，刀尺和書又上手了。母親的針黹盒總不離身邊，針黹盒裡又總放著書。母親看了書又喜歡和我們說說講講，許多新的見解，都使我們非常驚奇。有許多新名詞，我們竟是由母親口裡先聽到的。母親自己常常說：「如果我是現在的大學畢業，我一定可以做大事，可惜我沒有文憑呢……」母親永遠是好強向上，我們都愧不如母親。

我的父親是江蘇人，母親是山東人，父親年輕時由上海到山東，是政府設在魯東的一個單位主管。江南人的身體本不健康，還是到了北方不服水土呢？我只記得父親常常生病，母親要照料多病的父親，要教誨我們兄弟姐妹，更能時時做些慈善事業。家中雖然有佣人，可是，母親樣樣事都要親手來做。又加上我們兄弟五人年少無知，更使得母親份外辛苦勞累。

父親在我十歲的時候，就拋棄了我們長辭了人世。我的母親嘗盡了辛酸，總不告訴我們，並且使我們兄妹每人都完成了高等教育。

我們姐妹兄弟都萬分敬愛母親，不但是依爲慈母，更是當著嚴父。我更喜歡和母親廝守著，在上海唸書的時候，每逢寒暑假完了要返校時，我總是找理由拖延著不肯離家，每次又都是母親逼著我動身。母親處事永遠是理智抑制著情感，但是我呢？確實是糊塗人了。有一年，學校已經放了寒假，是我們應該回家的時候，忽然接連幾天風雪交加，四望白茫茫不見寸土，酷寒侵骨，吳淞口結了厚冰，來往船隻無法航行。我因想念母親，急著回家看母親，急得我右眼皮上居然長了兩個小瘤子，先是化膿，後來竟是流血，我自己也莫名其妙的害怕了。後來趕回家中，眼瘤還沒有好，母親溫婉地申叱我，說我太孩子氣……我哭了，母親也哭了。

蘆溝橋事變後，政府遷向大後方，我們流落在淪陷區裡的人們，受盡了敵人的摧殘，敵人的飛機常常轟炸，親友們都是各自四處逃亡。有一次，適巧我患「傷寒」病才好，四肢癱軟，跑一步跌一跤，母親噙著眼淚說：「我自己跑不動，更沒有力氣背妳，我們母女就坐在路旁的大樹下吧，要死死在一塊兒……」日機的炸彈扔下來了，我們身後的大樹、房屋紛紛倒下去了。感謝上帝保佑！母親和我都沒有受傷，母親緊緊的擁著我，我和母親戰慄又戰慄，眼淚一直流個不停。

八年中的生活，眞是在苦難中煎熬了過來，才盼到了光復。緊接著家鄉又被赤禍淹沒了，在恐怖血腥的暴政迫害下，我的大姐大哥被拉去「洗腦」後，一如石沉大海，究竟到哪兒去了？始終沒有消息。我家前面的空場上，天天開鬥爭會打人，打得皮肉模糊，木棍上沾滿了血，還要再打……。更不斷的公開槍斃人……。我親愛能幹的母親逼著二哥和我分別先逃，母親和妹妹留在家中，結果又都被「掃地出門」，還要鬥爭我的母親，我可憐的母親用她那走不動路的小腳，夜裡奔到城外，後來又跟著青年朋友們爬著經過即墨火線，才輾轉逃出了魔掌，到達了國軍地區。我和二哥雖然早逃到了青島，可是並沒有辦法和母親聯絡。當母親帶著滿身家鄉的泥土和我在青島意外的相見時，我們驚喜的相抱痛哭起來。朋友們看見我的母親逃了出來，大家都羨慕得不得了。因爲我母親逃了出來，使我在朋友中都感到有些驕傲了。

我們在青島，又恢復了一個小康的局面，使飽嘗驚險的母親，暫時獲得了身心的安寧。她老人家又恢復了樂天派的笑容，仍是喜歡看書，仍是喜歡做針黹，就是流行的洋裝，母親看一看、比一比，給我做兩套居然做得好極了。我從小就愛寫些亂七八糟的小文章，在青島除了工作外，也常常在報上發表些不三不四的東西，有時連自己都羞得沒有再讀一遍的勇氣，可是，每次捧到母親面前，她老人家總是讚不絕口，戴上老花眼鏡含笑的看一遍再看一遍，說我有出息。母親啊，親愛的母親啊，至今我又有什麼出息呢?!

我又愛游泳，夏天時我常常游泳，母親又總是去游泳池畔微笑的坐在椅子上看著，歡欣的等著我。母親常常喜悅羨慕的說：「如今女孩子眞幸福，腳和男人一樣的自由自在，做起事來也要和男人樣的勇敢負責才好！……」母親的許多金言，一直到今天，我都牢記在心頭。

母親啊！母親！我不相信母親眞的會離我們而去了。我低吟著：「慈母手中線……意恐遲遲歸……」我的淚水又使我清醒過來。飛機還是在慢慢的爬著，機翼下雖然時有些蔥翠的小島，但那不是我渴望著早早趕到的寶島啊！

我的母親眞是仁慈心懷，母親周圍的人，無論親戚朋友有了疾病困難，母親總是盡所有的力量幫助親友，我所記得的一些，只不過僅能表現出母親人格的萬分之一！母親自從接受了基督的愛，更愛了世界上所有的人。就是到了臺灣以後，地震豪雨，母親總是把兒女孝敬她老人家的錢，全部捐獻出來。自己的衣服從不捨得找裁縫做，天氣多麼熱，也都是看書、做針黹活兒。出門餓了時，更是不肯在外面吃任何一點兒東西，爲的是節省了錢要在每年的新年或春節勞軍時儘量捐輸。母親常常說：「軍人最辛苦、最偉大，生活最清高，我們要回大陸回家鄉，必須要敬軍啊……！」母親非常想念家鄉，更常常說：「救國救同胞，老少都有責任，我能做什麼呢？有力的出力，有錢的出錢。我多節省吧……。」

我和母親在臺北的快樂生活中，白天我忙著工作，不在屋裡，請了下女總是三日打魚兩日曬網，兩個小小孩子實在忙累了母親。但是，我可敬愛的母親一直是微笑著，反而說：「孩子們給我們帶來了太多歡喜……」母親的話語，都是她老人家的心音啊！有一年夏天，歌兒鬧肚子，夜裡不肯睡覺，哭著吵著要抱，我只好不睡覺抱著她在屋裡踱來踱去，母親愛憐的說：「還是放下孩子，自己睡睡覺吧！你痛你的女兒，我痛我的女兒呀……」

我親愛的母親對於孩兒的噪鬧，都是溫存的接受下來。對於我這不孝的女兒更是加倍體恤慈憐。每天我們都是晚睡早起，午飯後，我常常會不知不覺的側臥在母親床上睡著了，猛一醒來，宿舍裡靜悄悄的見不著母親和孩子們，我習慣的跑向校園去，遠遠的總是看見母親，背著宿舍坐在石凳上，用枴杖阻擋著孩子們，不准他們向宿舍這邊兒奔跑。等到我奔到母親面前時，母親總是微笑著又似斥責又是愛憐的說：「讓妳一個人靜靜的睡一會兒，怎麼又起來了呢？……」母親的愛寸寸都是甜蜜的，我常常感動得熱淚盈眶，母親的眼睛也常因此而濕潤了。可是，往往又都是母親先整頓起笑容，於是我喜樂的扶著母親，母親牽著他們姐弟兩個，我們一起歡欣快樂的又回到宿舍裡。

我自己不喜歡到日本來，所以一直拖延著不肯動身，何況我最愛守著母親。可是，母親卻比我硬朗，母親說：「活到老，學到老，讀萬卷書不如行萬里路，你應該到日本看看！而且你們分別已經四年了，要記住，眞是孝順母親的人，到了海外更要效忠國家！更要替我們中國人爭榮譽！只要不要忘記國家興亡匹夫有責就行！至於我個人，和哪一個孩子生活在一起我都高興呀！……」母親眼裡滿了淚水，臉上卻堆著笑容，語重心長的又說：「你走吧！妳帶著孩子去日本看看！……」聽著母親的叮嚀，我的眼淚終於止不住了，伏在母親膝上嗚咽起來。

在料峭的寒風中，淋漓盡濕的基隆碼頭上，三妹妹陪著我親愛的母親送我上船，許多朋友和學生們都紛紛來送行。三妹妹扶著母親遠遠的站著，學生們牽著終於斷絕了的飄揚的五色紙帶時，我實在支持不住，臨風流著酸楚的眼淚。歌兒和夏兒都大聲叫喊：「姥姥還沒有上船，姥姥還沒有上船呀……。」可憐的孩子哪裡知道「手續」難辦喲？

普通航行兩天兩夜，就可以到達神戶了。可是，那次我們的船卻遇著了大颱風，如山的洶濤駭浪中掙扎了十一大到了門司，第十二天的下午才抵達大阪，登陸後，我勉強可以支持，孩子們都病得一直躺在醫院裡，這樣，只好留在日本了。不久，我就開始了我在大學院的研究生活。我辜負了石校長對我份外的倚重、辜負了全體學生們對我的期待，這些愧疚，直到今天，仍然時時刺痛著我！

時光飛一般的逝去，很快的過去了兩年，我沒有回臺北，而計畫辦理接母親來日本。怎麼想到來日本的手續那麼不容易呢？這就是我鑄成的千古大錯，永生悲憾的開始。如今歷歷往事，使我無限懊悔，肝腸寸寸痛斷啊！

又過了一年，才用了好多工夫給母親辦好了來日本的手續，我喜悅的一天天的數著日子，等待著母親駕到。可是，我親愛的母親因爲妹妹的小老五生病，遲遲沒有動身。再過了一年，我又重新爲母親辦好所有的手續了，人生，究竟有沒有命運呢？噢！上帝啊！上帝又爲何如此薄待於我啊！母親正要整裝的時候，妹丈忽然生了一場大病，奄奄一息，險些喪生。人生到處是剪不斷的離情，我慈愛的母親不忍離開忙累的三妹妹和病中的妹丈。結果妹丈是死裡活轉來了，就在這個時候，母親一定是一急一憂加上感冒就突然一病不起了啊！天啊！我日夜想念的母親啊！忍心的上帝啊！爲什麼不早告訴我們？活生生的突然將我們慈愛的母親奪去了啊！想了又想，這完全都是我的罪過。如果我在臺北，母親爲了妹丈的重病而焦愁，我是可以隨時勸勸母親寬心啊！而且，母親自己心裡根本不必爲了要離開臺北而左右爲難啊。老人家無論多麼健康，總是經不起心靈的激動啊！遲了，一切都遲了，我的心靈是塡不滿的悔恨，宇宙是補不盡的空虛。母親在世時，我有一顆充滿了希望歡樂的心，如今，這顆心隨著我親愛的母親去了喲……。我是一個不孝的人，我死了以後能不能和母親聚在一起呢？人死了，究竟有沒有靈呢？有沒有知覺呢？能不能和母親相見呢？我恨透了自己，抱此無涯的悲憾！

我心神恍恍惚惚的突然又似在作夢了，朦朦朧朧的我好像又回家看見母親了，我帶著親友送的禮物，一包一包的送到母親床前，正要搖醒母親，請母親都看看；猛一驚醒，自己還是在高空中飛行啊……

好不容易才總算飛到臺北了，五彩繽紛的晚霞，變成了紫墨，飛機降落在松山機場，已是萬家燈火。我悽楚悲酸的全身戰慄、心膽破碎，淚流滿面的經過海關檢查、入境檢查……，孤獨失望的掙出了機場，三妹站在機場外口，我們冰冷的手緊握著冰冷的手，面對面嚎啕大哭。一片哭聲中，五個甥兒也哭著圍了過來，昏亂中我們爬上一輛計程車，直奔臺北殯儀館。千里迢迢回到了臺北，我日夜想念的母親、我親愛的母親，只是靜靜的仰臥在殯儀館裡的長榻上。啊！地崩山搖般我倒在地上昏厥了過去。醒來時，我們都伏在母親榻旁痛痛的哭了又哭。母親臉上用了些美容品，比往昔還精神。我偎著母親冰冷的臉龐，低低的向慈母呼喚：

「媽媽！媽媽！我回來了，媽媽……」我親愛的母親只靜靜的像是一座冰山。母親的臉冷澈我的心竅；我又吻著母親的手，更是冰冷僵硬……。我日夜想念的母親，永遠不會再用手來撫摸我這遲遲歸來的女兒了，永遠不會再戴上老花眼鏡看我那些不成器的文章了……。母親啊，母親！三妹如同癡了一般，反來覆去的跟我說母親沒有病……。我們都圍繞著伏在母親身邊，整整哭了一夜。直覺得心是空洞的無處安放，人生何等短促、何等飄忽、何等空虛、空虛啊！

九月十二日早晨，我們亂烘烘的穿上白袍，大家穿好白袍相互一看，禁不住又都失聲大哭。我們都跪在母親的榻前，送葬的親友陸陸續續的來了，古亭街基督教會的牧師和長老都來了，十點鐘開始舉行告別禮拜，牧師帶領我們祈禱、唸聖詩、大家唱安息歌……。親友行過禮後，我們戰慄著抬起母親，慢慢將母親放入木棺內，母親身上蓋著潔白的被單，上面印著鮮明的紅色十字架，母親慈愛純潔的靈魂，永遠依傍在上帝的身邊了。我們珍重的將棺蓋哭著掩上，四周起了一片嗚咽。從此，我們永遠看不見我們最慈愛的母親了，我和三妹都哭倒在棺下，可憐五個甥兒都嚎啕大哭的喊叫：「姥姥，姥姥！我們要姥姥……」而我的二哥，終於沒能來得及趕上再看見母親最後的一面……。

入殮禮成，殯儀館裡來了一輛柩靈車，將盛著母親的木棺載向火葬場，柩靈車徐徐前行，我們茫茫然、昏昏然痛哭著扶著木棺，麻木的跟著一步步向前行走。親友們不畏炎熱，都一路辛苦的送了來。到了火葬場，地動山搖般，我淚眼模糊中看見有三數對大鐵門，右邊的那對鐵門上刺痛著我，已寫著我慈愛母親的名字了，執事的人，肅然的將盛著母親遺體的木棺，平穩無聲的往鐵門裡推送，我們都跪在地上慘痛的嚎哭著，親友們慘默的凝望著，好像都屏住了呼吸。妹妹的小老五忽然大聲啼喊：「我要姥姥！我要姥姥！……」這時大家實在支持不住，都摀著臉失聲痛哭起來，我的心頭刀割般一痛，忽然吐出兩口鮮血，三妹妹慘然的昏倒在地上……。

鐵門關上，從此我們連盛著母親遺體的木棺也看不見了。大家慘痛的向鐵門行禮……。母親的後事，就這麼簡單嚴肅的完成了。世界上一切好像都已經到了盡頭。

我們謝過親友，悲傷哀痛的將母親的靈骨抱上汽車，不由自主的又都嚎啕大哭。回到三妹妹家中以後，只有黑暗、空虛、空虛、無邊的空虛，大家正在徬徨無主的時候，小老五又哭著喊：「找姥姥，找姥姥！……」我們又都迷茫的重新哭泣。我們坐在母親的空床上，圍繞著守著母親放大的遺像，又痛哭了一夜……。

我和三妹妹商量，因爲最近幾年，我沒有好好孝敬母親，母親的靈骨由我暫時負責供奉，只要能夠回大陸的時候，我們誰先回家鄉，誰就先將母親請回老家安葬。這樣決定好了，如果萬一有什麼不妥，那都是我的罪過，讓所有的災劫都臨到我的身上吧！三妹妹同意我抱著母親的靈骨去日本，五年了，已經是五年了，母親靈骨一直是供奉在家中，每逢我出門時，好像母親在世一樣，我先向母親報告：「媽媽，我要出去了……」然後將到什麼地方去、做什麼事、何時回家都詳詳細細向母親稟告明白，再鎖上門。回家時，我先拜見母親，向母親稟告：「媽媽，我回來了……。」我的心中實實在在覺得母親是活著的，遇著大雨傾盆時，我哀痛的心中總會發出一絲安全感來，我想，雨，就是下得多麼大，也不會淋著我的母親啊！母親永遠是和我們一同住在家中的。母親，我慈愛的母親，她老人家的教誨，時時刻刻響在我的耳邊。母親的慈愛永遠閃著光輝照亮了我人生的大道。

每當我懷念母親的時候，我就拿出母親在世時寄給我的許許多多的親筆函來，我擦乾眼淚，仔仔細細的捧讀著，那些信上都留著母親的慈愛，使我重溫到母親給予我的溫暖，重振起做人的勇氣！我立志要以母親的心爲心，使母親遺愛常在人間！我將永遠遵照母親的慈訓，奔向母親要我努力的路程！我們的孩子歌兒和夏兒，明年都要上大學了，我愛他們，同時愛天下所有的孩子們！我最愛我的母親，我更要愛天下所有人的母親，母親的愛活在我的心中，更盼望能夠活在世人的心中。母親啊，母親！我要把我的愛獻給母親，也獻給世人！母親啊，母親！我想念的母親，我慈愛的母親，我逝去的母親，不！我永不逝去的母親。我永不逝去的母親啊！請母親來給您所愛的孩子做見證吧！

（幼獅文藝）

思　母

江山如畫非吾國，
衣破猶存慈母針，
遙想家人分散日，
天涯何處問鄉音？

×　×

未料僑居久至今，
益增故國舊情深，
誰知遊子離家淚，
遙寄長空萬里心。

×　×

每念萱恩淚不乾，
遙悲故國樹雲寒；

兒身猶著手中線，
慈母天堂安不安？

× ×

又夢回家拜母恩，
醒來滿枕淚沾痕；
明知永別雲天遠，
想斷天涯兒斷魂。

遙寄臺北古亭基督長老教會

敬愛的諸位牧師長老兄弟姊妹們：

爲了朝思夜夢、未嘗一日或忘的我的慈母，爲了報答母親的慈恩再做做事，是刻在我內心深處的祈願——要再一次謝謝古亭基督長老教會，可是，最近我回到闊別甚久的臺北，專誠要拜望您們，多方尋找，始終找不著古亭教會。許多親友也不知道遷到何處去了。爲了飛機的時間，我又不能再留在臺北。各位都平安嗎？近況佳好嗎？時時深深念念在我心中。

時光荏苒，今（一九九九）年九月七日，是我母親逝世三十五週年。三十五個年頭，也是彈指飛去。就是那年的初秋，酷熱仍襲人，我慈愛的母親感冒了，她老人家自己去隔壁醫院打針拿藥，夜裡還給我寫了封密密麻麻的長信，叮囑說：「無論自己工作讀書如何繁忙，一定要注重幼小兒女的家庭教育，要了解他們有無什麼心事？他們在學校裡有無什麼問題困難？如有問題，要早早盡速爲幼小兒女處理解決。小核子們，幼小時候沒有心結，精神愉快，才會健康成長，才會有興趣學習，才能夠養成他們奮發努力、進取上進的個性和志願。將來才會健康快樂的立足社會……。還有，你們如果都不在家中的時候，千萬不可再把幼小兒女鎖在屋裡，萬一發生了意外火災等等，小孩子們要逃出屋門，而逃不出去，多麼危險可怕……！另外，關於我的出入國問題，以『出國治病』申辦護照，外交部不准，說是本國內可以醫治的病，不必出國……。『依親生活』呢，日本駐我國使館不准，說是直系親屬才可以，必須兒女在日工作，才合規定。現在只有你自己的工作安定後，你的護照不是依夫生活，我就可以順利通過各個關卡。我在臺北生活很好，你妹丈高士林都很孝順。你們多注意孩子的安全要緊……。」

我的母親讀過四書五經，國學根柢比我們姐妹兄弟都好，雖然早已戴上老花眼鏡，給我們的書信，都是自己親自動筆，說是自己寫信深邃透徹。我母親又喜歡看現代書籍，許多新的見解，都使我們非常驚奇。許多新名詞，我們都是由母親口裡先聽到的……。母親去世前，那個夜裡的這封信，至今每一字句都刺痛著我的心。海深天闊，世間就是再怎麼樣廣大，永遠再也找尋不著我慈愛的母親了。

就是那年，母親感冒的第二天傍晚，我慈愛的母親忽然兩手向空搖擺，不知有多少話要說，而都說不出來了。我的三妹妹和妹丈急忙找車，送母親到臺大醫院急診治療，醫生給母親打針吃藥，母親還是說不出話來，只安靜慈祥的躺著。就這樣靜靜的在凌晨兩點多鐘，母親竟匆匆的棄我們離開了這個世界，我們都是無母之人了。三妹妹說，當時大家悲痛哀傷得天崩地陷……。不孝的我，沒有恭侍在母親身邊。負罪的我，由日本趕回臺北奔喪的時候，正看到了殯儀館裡敬愛的臺北古亭基督長老教會的牧師、長老、姐妹兄弟們，都在幫忙主持母親的喪儀，我感謝得淚流滿面。痛失慈母，深悲極慟，心膽如同碎裂，我禁不住放聲大哭，慘然昏倒在地。母親身上蓋著雪白的被單，上面印著鮮明紅色的十字架，母親慈愛純潔的靈魂，永遠依傍在上帝的身邊了。母親息了自己的勞苦，安息在天國了。我失魂落魄的哭了又哭，恨透了我自己，痛恨我自己，就是把心哭出來，也不能彌補我不孝的恨憾罪疚啊！我哭了又哭，送喪的親友們都摀著臉哭了。

我親愛的母親皈依基督耶穌，已是半個多世紀，回想多少往事，都是禁受不起，無法自持。我們小的時候，體弱多病的父親早逝，全家人生活的籌措、兒女們的安全以及讀書上學的費用……，哪裡是一位三十九歲、從不出家門、從未見過社會陷阱的年輕小寡母所能撐得起！（母親那時代，女人的腳纏得越小越好，可憐是小腳一雙，眼淚一缸。民國三十八年我們到臺灣時，還看到臺北、高雄各地許多小腳老太太。）父親逝世時，工作職場的「追思憮恤金」數額相當不少。可是，被經辦的人用盡了方法借去、騙去的也不少。母親常常心痛的說：「家中沒有收入，只有支出，兒女又小，正是坐吃山空，所以要儘量節省……。」母親將家中男、女幫佣，統統安撫辭去。全家大大小小的事情，都是母親親手操作。在那沒有父親漫長艱窘的歲月裡，感謝慈母的愛心和見識，沒有讓我們去工廠做工或是去賣麵條，我們姐妹兄弟五人，都接受了大學教育。母親自己受盡了辛苦勞累，爲我們付出的心血和慈愛，何止是「三春之暉」？實在是兒女們生死之源啊！感謝母親的慈愛，感謝上帝的恩德。

我有記憶的時候，正是日本軍閥「九一八」暴虐的侵略中國後，又發動了慘絕人寰的「蘆溝橋」事變，中國人在飛機炸彈、槍林彈雨下，受盡了殘痛的煎熬。我慈愛的母親在炮火彌天中，仍是要我們堅強讀書，以好報國。八年血淚艱危辛酸的日子度過了，大家歡欣鼓舞迎來的卻是掀天動地的暴亂，生命的火焰使我們逃離了家鄉，我親愛的母親和年輕人一起勇敢的也南奔到了臺灣。我參加了臺灣省教育廳教師檢驗考試合格，立刻分發了省立高級中學工作。那時候，教師待遇雖是菲薄，可是，我們在安定的環境裡，絲毫不覺得艱辛。我慈愛的母親，女兒是她甜蜜的生命、是她快樂的世界，女兒在她身邊、就是粗茶淡飯，她老人家也是心滿意足。我們住在簡陋的宿舍裡，卻是彌滿了愛的空氣和歡樂的笑聲。同仁們的母親都沒有奔來臺灣，很多同事非常喜歡到我們宿舍裡，和我母親笑語不絕。三妹妹又恢復了小時候的嬌憨常態，很是可愛。我們工作休息、讀聖經唱聖歌、與母親依偎相處的時光，整日都是快樂。感謝上帝的恩典，在那些逃難的時日裡，母親的慈愛融化溫暖了我們的心。

後來，不孝的我、負罪的我，原想到了日本，很快就會迎接母親來日本。然而，出入國手續是那麼困難，拖了又拖，結果，不是海天阻隔，不是音訊杳無，不是「子欲養，而親不在。」……只是，遲了，遲了，遲了啊！母親竟離我們去了啊。這悲慘的事實，痛徹肺腑、痛遍了我的全身。三十五年來，我想念母親，一腔心緒，總是縈繞著母親。自己已是白髮滿頭，只要想到母親，還是眼淚奔流，每每如癡如醉，常常發迷。母親的音容笑貌、一言一語牢懸心中。一闔眼，便恍惚看到母親來到身邊，我想念母親如此纏綿、如此顛倒，正是母女連心喲！想念慈母，眼前又總是望見倚扉望盼愛女歸來的母親啊。我們母女原是一潭止水般平靜澄澈的、安貧樂道的過著。就是我自己錯了、錯了，鑄成了千古大錯，永生悲憾，訴不盡的哀傷悲痛啊。如今追懷往事，無限痛悔，肝腸寸寸痛斷。我的心靈是填不滿的傷痛，宇宙是補不盡的空虛，我是不孝的罪人，抱此無涯痛憾，抱罪終身。

我的母親眞是仁慈胸懷，愛我們姐妹兄弟，愛母親周圍的人，更愛世界上所有的人。無論什麼人，有了什麼疾病或困難，只要母親知道了，總是盡所有的力量幫助。我所記得的一些，只不過僅能表現出母親人格的萬分之一。許多年來，我遵照母親的遺訓，奔向母親要我努力的路程，還是太少、太不夠、太不足掛齒。親愛的臺北古亭基督長老教會諸位牧師長老兄弟姐妹們，如何能夠表達我對基督耶穌愛心的感謝和崇敬？如何表達我對慈母思念孺慕和感懷恩澤之深呢？在我活著的歲月裡，我要本著母親克勤克儉、律己愛人的德性，我要本著上帝愛世人的精神，我要以母親的愛心爲心，要母親的遺愛永在人間，我要母親的愛心活在我心中，更盼望能夠活在世人的心中。雖然我的力量微薄，可是，我要把愛心獻給基督耶穌，獻給我慈愛的母親。請諸位幫我祈禱、幫我成功！我努力做成愛人的工作，母親在天之靈會喜悅的。我以虔誠感謝之心，永遠銘記，再一次謝謝三十五年前爲我母親喪葬辛勞的臺北古亭基督長老教會的牧師長老姐妹兄弟們。

專此敬頌

主內平安

張慧琴　敬拜

一九九九年「立秋」於日本大阪

（明道文藝）

附錄

巴金在日本的演講——文學生活五十年

我很不會說話，而且很少演說。但是，爲了答謝日本各位先生的友情，卻打破了這個慣例。在受四人幫迫害的時候，承各位關心我的平安，常常問到我，這是我絕對不會忘記的。

我不是文學家，可是，我繼續寫作了五十多年。我是爲了尋求我自己的活路，而開始寫小說的。我出生在四川省成都官僚地主的大家庭，雖然得到了物質上的幸運享受，然而看到了那些男女僕人們的悲慘生活，聽到了那些被熱中僞善和利己主義的長輩們所壓碎了的青年生命的嘆息時，我覺得這個社會在什麼地方是不正常的。雖如此，可是，我卻並不知道究竟在什麼地方有毒瘤？怎樣才能治好這個毒瘤?!

二十三歲的時候，我從上海到巴黎，去尋求救世救人和自救之道。我沒有任何可發洩感情的地方，沉淪在無邊的苦海之中。一九二七年春天，我在柯爾丘拉德的公寓裡過著寂寞的生活。那時，祖國正展開革命和反革命的鬥爭，人民被虐殺著。在巴黎正廣大展開了薩克和龐賽狄兩個義大利籍勞工的救援運動。我深爲龐賽狄自傳的一節所感動了：

「我願所有的家庭都有房子，所有的人都有麵包，所有的靈魂都受到教育，所有的人都有完全伸展自己才知的機會。」

我給在美國監獄中的龐賽狄寫了封信，終於接到他的回信，寫著「青年是人類的希望」。雖然他在幾個月後就被處刑了。可是，五十年以後，他終於被洗刷了冤枉。我在我的處女作的序中，曾稱他爲老師。

在那樣的氣氛中，我開始把自己的痛苦、寂寞、熱情，一行一行的連綴在一起，蟠曲在心中的東西漸漸的紓解開來。第二年，我把處女作寫給上海的朋友。那年年尾，回到上海的我，才知道自己的小說，被登在雜誌上。那就把我送進文壇上來了。

我的處女作是獻給我大哥的，一九三二年寫的〈家〉，也是獻給大哥的。可是，在這篇小說開始連載的第二天，我哥哥因爲破產而在成都自殺了。哥哥雖然一行也沒能看到，然而由於〈家〉，很多人知道了封建的家庭，是怎樣葬送了青年人的生命。

我尊之爲小說之師的，法國有盧梭、雨果、左拉、羅曼羅蘭，俄國有柯爾滋恩(Alek Sandr Ivanovich Gertsen 1812-1870)、屠格涅夫、托爾斯泰、高爾基，還有英國的狄更斯，在日本則爲夏目漱石、田山花袋、芥川龍之介、武者小路實篤等。尤其是有島五郎，更是我連「給孩子們」都能背誦過來的恩師。在中國則是魯迅。然而，我最重要的老師卻還是中國社會生活其本身。

歸國以後的我，住在上海，執筆寫作，朋友也多起來。一九三四年來，我來日本，我喜愛日本小說，也想學日本語。可是，第二年，溥儀訪問日本，我在半夜裡，給警察綁走，被拘留了十幾個鐘頭。很可惜的是，因此，我學日語的意欲也無有了，以致到今天，還得在上海收聽日本語廣播講座。

一九三七年，抗日戰爭全面展開，我輾轉於各地，可是，卻並未放下筆桿。《激流三部曲》就是在這個時期寫的。那時，有時候連鋼筆水都買不到。《憩園》是在各地旅途中，用小盤子磨了墨，在信紙上一點一滴的寫出來的。那以後所寫的長篇小說《寒夜》，是透過知識分子的死，而觀察舊社會的作品，戰時中在重慶開始動筆，戰後在上海才完成的。

中國人民終於被「解放」了，「中華人民共和國」成立後，我開始學習馬克思主義，但，並沒有學得怎麼好。

我很想用寫黑暗和苦惱寫慣了的筆，來寫「人民」的勝利。可是，由於參加各種活動，連充分了解知道新人新事的時間都沒有，作品的數量也漸漸減少下來。一九五二年，我去了朝鮮，在前線的部隊中，過過生活。長年關在書齋裡的人，跳進了軍人的大家庭中，當然在精神上會受到衝擊。可是，在心中是溫暖的。指揮官、戰鬥員們都把我作爲夥伴來看待。我從內心中愛那些士兵，對於寫作等等，差不多根本就不想了。

我經常去外國旅行，所以寫了不少讚美人民友好事業、謳歌新社會新生活的散文。結果，這些散文竟成了我判罪的證據。「文化大革命」的十年間，我被視爲「大毒草」，而受到批判，被判定爲「文壇頭子」、「黑名單的黑幕」，而受到精神的拷問和身體的攻擊，連公民的權利和發表作品的自由也被剝奪了。

有一個時期，我確實曾相信了加予迫害人民的「四人幫」和他們手下那些嘍囉們，自己確是他們所說的那種罪人，承認自己的作品是「毒草」，在心情上，甘心願意承受刑罰。我想否定自己的一切，必須接受改造，重新做人才行。甚至，連祝福林彪和江青的健康，以及他們萬壽無疆的口號，也都高喊過。

當時，我自己爲什麼那麼樣的老實，變成了他們所說的那樣子，竟不以恥爲恥，而誠心誠意照他們的訓示來做了呢？這是非常奇怪的。好容易，我覺悟了他們所做的是欺騙，我被愚弄了，我嘗到了空虛和幻滅的味道。我沒有去選擇自殺，是由於身旁的妻子的愛情所制止住的。就那樣自滅了的話，我至死也不瞑目的。我漸漸恢復了冷靜，能分析自己、分析別人了。即是被拉著遊街示衆或被開鬥爭大會，我也能有觀察發言人的鎭靜了。被逐出了文壇的我，開始翻譯以前就想翻譯的柯爾滋恩的自敘傳《過去和思索》了。我像是完全和柯爾滋恩漫步在十九世紀的俄國的黑暗之中。

就這樣，我終於能活下來，我能親眼看到了「四人幫」的滅亡。當我再握住筆桿的時候，我的心激動起來，我要寫很多東西。然而，所剩下來的時間不多了，今後到八十歲的數年間，我絕不可浪費一點兒，我訂下個五年計畫，要寫兩部長篇小說。一部寫作回憶錄，五本隨想錄，還要譯完柯爾滋恩的「自敘傳」。我有生之日，希望自己能成爲一個專心致志、一直執筆寫作的作家。應該寫些什麼呢？我必須要總括起來，在這十年的苦難中，我自己自身的體驗才行。

那是在人類歷史上的大事，能體驗到那麼樣可怕、滑稽、奇怪、殘酷的人，恐怕很少吧?!如果不把那樣的生活加以總括，不認眞的來剖析自己，那麼也許將會再度把殘忍愚劣的事情看作是莊嚴正當的吧?!這個精神上的「債」，是絕不能就那麼裝作不知的。兩部長篇小說，就是爲要清償這個「債」，爲要打出我五十多年文學生活的終止符的。

我只是把創作看作爲我生活的一部分，我不是文學家，我絕不願在作品中虛僞的撒謊。我常常解剖自己，我的私生活中有很多矛盾，作品也是這樣，愛與憎、思想與行動、理想與現實的衝突，全混合在一起，籠罩住我的生活和作品，我的作品全是尋求光明的呼叫。

在寫小說的時候，我不考慮什麼創作方法、表現法和技巧，只是想到怎樣寫才更生動，更拯救讀者、更有助於社會和人民。我的文章，無論哪一篇，都是具有清楚的目標意識而寫出來的。

以他人的苦痛爲墊腳石，來建築自己的幸福是不行的。人，不只是單靠著米來生存，人，不只是單靠著自己的享樂來生存……。我灌注在我作品之中的，就是這種的思想。

《家》是我自己也喜愛的作品，在那裡我在大聲叫著，「我控告」瀕死的社會制度。現在，在中國像「高家」那樣的封建家庭，雖已絕跡了。可是，這個數十年的危難所散布的封建主義的毒，還未能一掃而淨，「高大老爺」的陰魂，現在還在遍地徘徊著。我已年逾古稀，可是，卻仍有像年輕的高覺慧般的燃燒的心，以及永不衰退的熱情。更願繼續遵守絕不放棄筆桿的自己的誓言！（巴金講於東京朝日講堂，張慧琴譯自日文）

（聯合報副刊）

大阪中華婦女會訪問名勝古蹟之遊

大阪中華婦女會

訪問名勝古蹟之遊

大阪中華婦女會近年在余黃玉滔名譽會長、何林桂如會長等熱心努力推動之下，會務蒸蒸日上。爲加強大家聯誼團結、增廣見聞修養，特於五月十六日，集結大阪，京都，神戶、奈良等地婦女僑胞、舉行春季遊覽大會，訪問琵琶湖一帶名勝古蹟。

五月，正是日本的好天氣，十六日又是剛剛雨過天晴、陽光和煦，大家趕到大阪市難波府立體育館前集合，乘上所租用的專用巴士，沿「名神高速道路」往京都琵琶湖出發、琵琶湖是日本第一大湖，面積有六百七十四平方公里，周圍高山層層疊疊，山泉流水，匯成這個大湖，湖水清碧，旣深且廣，最深處竟達一〇四公尺。巴士順著連綿不斷的山，奔馳過織錦片片的原野，約兩個小時，首先到達日本名勝之一的石山寺、寺廟偉麗廣闊，山上山下佔地三萬六千餘坪・據說是一千兩百多年前、日本聖武天皇御命開基所修建的。寺內正設有日本最古的長篇小說《源氏物語》展覽館，展示著《源氏物語》各篇章的人物圖表說明等。我最喜愛《源氏物語》作者紫式部女士文雅溫靜的坐在日式榻榻米上的矮桌前，執筆書寫的坐像。這部《源氏物語》撰述故事婉轉、氣派宏大，令人深深敬佩紫式部的文學天才。一九六八年日本首先獲得諾貝爾文學獎的川端康成就曾經說過：「紫式部不但是日本小說的鼻祖，同時，又是有名的詩歌家。她自小聰明過人、博聞強記、極有文才……。」《源氏物語》的內容、是以光源氏爲主人翁而展開的綺麗浪漫長篇，作者不但虛構描繪了四朝帝王、七十年的光陰、三百多人物，而且，情節幽雅、文辭美絕，對於自然和人生的觀點都非常正確。

看完石山寺之後，巴士在五月的晴空下，又沿著琵琶湖向前奔進。十二時許，進入大津プリンス旅館，齊聚在大廣間的餐廳裡，首先由副會長王紀玲容、理事李紀惠淑報告婦女會今後的活動計畫，又分給大家大阪中華總會贈送的日本土產。開始名聞世界的法國料理之前，由張慧琴顧問領導乾杯，振奮與喜悅布滿了整個餐廳，大家吃得春風滿面、大快朵頤。

飯後，巴士再沿著琵琶湖駛行，不多時，到達了日本又一名勝金剛輪寺。這裡是日本聖武天皇祈願天下興平名寺之一。雖是櫻花季節已過，但紅花翠柏、春色宜人。佛堂庭園依著山勢興建，全身的觀世音菩薩、阿彌陀佛聖像，一尊又一尊，都已是日本政府指定的國家文化財的寶物了。

匆忙中，巴士又向前駛至名聞日本全國的長濱總持寺，大家拾級而上，青山綿綿不斷、樹木蔥綠、林深寺高，高得令人氣喘萬分。周圍奇花異草，五顏十色，點綴得像是一所大花園，再加上紅牆白欄、雕樑畫棟，眞有描繪不出的美麗，我們飽嘗了自然的恩惠。寺內觀世音菩薩、南無阿彌陀佛的佛像尊嚴壯麗，令人肅然起敬。

至此，這一日之遊程才告結束。巴士馳回難波，龍江小姐爲這些依依不捨互道珍重的僑胞拍照，大家期待紅葉滿山時，再作賞楓之遊了。

（一九九七年初夏）

大阪中華婦女會慶祝「三八」婦女節大會

【本報訊】今年的婦女節，耀著光芒，又在日本關西華僑婦女同胞們的歡待中，欣然降臨到大阪來了。

現在日本的天氣，正是杜牧，〈江南春〉的景色：

千里鶯啼綠映江
水村山郭酒旗風
南朝四百八十寺
多少樓臺煙雨中

在這樣美麗的景色之中，大阪中華婦女會「三八」慶祝大會，還是設在酒旗飄揚的中華料理店「大東洋」九樓舉行。這個料理店建於民國三十五年，已經有五十多年的歷史，是已故僑領洪萬氏開設的，地下一層、二層建有男、女分開的天然溫泉，設備現代化。來料理店高歌歡飲的中、日及歐美人士，酒足飯餘，很多人都連袂泡在溫泉裡，享受一番。洪萬先生在世的時候，熱心教育，爲大阪中華僑校奉獻多年。

晚六時，慶祝大會開始，首由何林桂如會長致開會辭，繼由臺北駐大阪經濟文化辦事處新到任的郭明山處長、大阪中華總會李瑞乾會長、日本衆議員中馬和津子夫人、大阪府川合通夫議員相繼致辭，均博得全場熱烈的掌聲。大阪辦事處郭翁秀岑處長夫人、廖經邦副處長、謝延淙課長、許彩銀小姐、中國國際商業銀行大阪分行張武雄經理、中華總會徐庭烈先生……，都撥冗出席祝賀。

司儀今泉太紀子小姐，國語、日語，字字腔正圓滑，非常流利標準。陳淑如、廖春英諸小姐等的親切招待，令人增添了甚多喜悅。

大會並請松蔭女子學院大學講師澳大利亞的卡陶莉娜・娃滋小姐講演「日本大相撲」，她帶有許多張「日本大相撲」圖文並茂的彩色照片給大家看。她說：「自己的身段雖是高高大大，可是，和大相撲的人站在一塊兒，就顯得非常纖長輕盈，苗條美麗了……。」她的趣話，引得全場大笑。

慶祝大會後，七時許，慶祝酒會開始，張詹寶秀副會長領導乾杯，十幾個大圓桌，杯盤交錯，菜香、酒香，大家融合在歡樂愉快中。

餘興節目的摸彩，許多獎品除了實用的藝術品外，還有甜香的中外點心和「現金袋」。最後由李紀惠淑副會長致閉會辭。大家似乎已都有些醉意，戀戀不捨的離開了「大東洋」。

（一九九八年春）

大阪中華婦女賞楓

餘興未盡　約好明春再賞櫻

十一月二十日，天氣晴朗，金風送爽，適爲大阪中華婦女會舉行秋季賞楓遊覽大會之日，早晨八時三十分，大家於大阪難波「大阪府立體育館」前集合。四十餘會員準時參加之外，大阪中華總會會長黃淞山、臺北駐大阪經濟文化辦事處副處長夫人，也專程趕來參加助興。

大家乘專用公共汽車出發，先到乘船的「龜岡」，下車後，改乘賞覽楓葉的遊船，沿保津川而下，瀏覽兩岸的風光與紅葉，約一個半小時，遊船抵達有名的風景區「嵐山」，大家在此下船，至附近的「西京極」用過午餐後，又改乘汽車，到達紅葉最盛而動人的「東福寺」觀賞紅葉，並且特別在東福寺的楓林之前留影紀念。因那兒風光美麗、楓葉動人，一直賞觀了很長的時間，餘興未盡，已約好明春早早定去賞櫻。

這次「賞楓大會」是大阪中華婦女會本年度第三次聚會，專爲聯絡僑胞感情，交換寶貴意見。每年至少舉行五次大會，預料明年的各屆大會，參加人員當會更多，更會提出寶貴的意見，貢獻於當地與自己的國家。

（一九九九年深秋）

大阪中華婦女會辦敬老餐會

長者出席踴躍令人意外　節目表演充滿傳統中國風

日本電視報告，本（二〇〇〇）年九月七日「白露」，親友們見面都說：「白露到來，天氣會涼爽些了……。」可是，大阪中華婦女會舉行敬老會的九月十日，竟然還是三十五度的悶熱，今年日本天氣眞熱呀。

本月十日（星期日）午後五時，大阪中華婦女會於大阪市北區大東洋中華料理店九樓，盛大舉行敬老聯歡晚餐會。前往出席之踴躍，出乎意外。一進餐廳，全都是似曾相識，滿臉笑容，首先由新任婦女會長李紀惠淑主席致開會辭，繼由臺北駐大阪經濟文化辦事處粘士信部長、大阪中華總會新任會長黃淞山，相繼致辭，掌聲不絕，令人心曠神怡。

敬老晚餐會開始，由大阪總會名譽會長李瑞乾領導乾杯，在座除婦女會會員外，招待大阪地區七十歲以上、白髮皤然的男女僑胞，表示敬意。

慶祝表演節目，最精采的是中國國術和中國舞。中國國術由李隆吉指導員指導，八、九位年輕人，身著彩色武術裝，分別表演了翻子拳、形意拳、長拳、太極拳、八極拳、猿拳、少林拳、徒手對練、醉拳等等，他們舉手投足之間，儼然國術行家風範，指導員爲了發揚國粹，定是下了很深的工夫，令人可佩。中國舞名爲《老背少》，是由李佳容小姐一個人，穿著華麗衣服，秀色可餐、態容從容的表演。

這齣中國舞，使會場風趣橫溢，大家的喜悅是異於尋常的，接著是多位老少僑胞個別上臺，樂聲悠揚，每人高歌一曲。最後由李紀惠淑會長、張詹寶秀副會長、今泉太紀子、野口佳容小姐，合唱家鄉歌曲，名曲連連，眞個是此身被包圍在純中國的氣氛中。

大會贈送每位老人「敬老蛋糕」一盒，寓意壽比南山「高」，感人肺腑。笑影、笑光、笑聲中，全場盡歡而散。

（二〇〇〇年秋）

大阪中華婦女會慶祝婦女節

壓軸好戲是全體會員合唱故鄉

日本今（二〇〇一）年的春天，跟在隆冬瑞雪之後——遲遲來到，陽春三月，還正春寒料峭，雨風冷人。不過，日本櫻花已含苞待放，旅居日本的各國婦女團體，又都忙著慶祝這絢麗的婦女佳節。

中華民國留日大阪中華婦女會，於本（三）月四日下午五時三十分，在大阪市北區大東洋中華料理餐廳九樓，舉行慶祝國際婦女節大會及會員年會，報告新年度預定之各項計畫及去年度工作與會計報告，林修子、今泉太紀子兩位小姐認眞負責，深獲會衆稱讚。

六時開始，於同會場盛大舉行慶祝國際婦女節大會，首由李紀惠淑會長致開會辭，繼由臺北駐大阪經濟文化辦事處新到任的羅坤燦處長、大阪中華總會黃淞山會長相繼致祝辭，嘉賓日本參議員谷川秀善夫人也致賀辭。

慶祝大會之後，接著是慶祝酒會，大阪中華總會前會長李瑞乾領導乾杯。慶祝節目連連開始，先請大家摸彩，獎品都是可愛的藝術品和好玩的實用品。喬治歌小姐摸到了第一獎，是羅處長夫人吳嘉惠女士所贈的名牌精緻照相機，大家都稱許喬治歌運氣好。

令人印象最深的慶祝節目，是日本有名的相聲家涉谷天外君的演出，他的幽默詼諧、笑語趣話，令全場歡欣。壓軸好戲是會員的大合唱「故鄉」，每位女士、小姐姿態高雅、風采動人，歌聲樂聲振奮著人們的心弦。全體依依不捨地在張詹寶秀副會長的閉會辭後，結束了這場圓滿豐盛的慶祝聚會。

（二〇〇一年春）

大阪中華婦女會家族聯誼

本（二〇〇一）年八月五日是農曆六月十六日，正是「智取生長綱」汗流浹背的盛夏時節。俗云：「赤日炎炎如火燒，野田禾稻半枯焦，農夫心內如湯煮，公子王孫把扇搖。」

大阪中華婦女會爲大家避暑納涼聯誼，特選在大阪市中央區有名的墨西哥餐廳，舉辦會員家族聯誼大會，並且免費招待未婚的男女青年，實在是用心深厚。臺北駐大阪經濟文化辦事處處長羅坤燦伉儷、組長粘信士等，都百忙中參加助興，給大會增色甚多。

海外遊子們故國情深，都欣然撥冗而往，出席大會的人，極爲踴躍。全都是滿臉笑容，全都是似曾相識，大家都有回到祖國懷抱的喜悅。

這家餐廳富有南國風韻，廳內古雅寬敞，舞臺十分廣闊。司儀小姐從容不迫，報告節目進行生動自然，令全場興趣橫溢。闊別十多年的大阪中華學校校友們，女同學都婷婷玉立、談吐端莊；頑皮的男同學們，現在都已是翩翩的美少年，個個身體健康，精神煥發，非常可愛，他們將都是僑社的棟樑。

餐肴豐盛、美味可口，表演節目更精采，特別意味深長的是中南美熱帶舞蹈，男演員們衣著大方，女演員們只是星光閃閃的三點舞裝。多采多姿的表演，一定都下過很深的工夫。

大家都以觀賞純藝術的心情，轟然大笑，自己興奮也替舞者興奮。臺下許多年輕人奔上舞臺與演出者共舞，最後全場都哈哈大笑，於掌聲雷動的高潮中，盡歡而依依不捨的散會。

（二〇〇一年盛夏）

國家圖書館出版品預行編目資料

東瀛風光 / 張慧琴著. -- 初版. -- 臺北市：文史哲,民 91
面： 公分.--(文學叢刊;135)
ISBN 957-549-433-4 (平裝)

855 91007188

文學叢刊

東瀛風光

著 者：張慧琴
出版者：文史哲出版社
http://www.lapen.com.tw
登記證字號：行政院新聞局版臺業字五三三七號
發行人：彭正雄
發行所：文史哲出版社
印刷者：文史哲出版社
臺北市羅斯福路一段七十二巷四號
郵政劃撥帳號：一六一八〇一七五
電話 886-2-23511028・傳真 886-2-23965656

實價新臺幣三〇〇元

中華民國九十一年 (2002) 五月初版

ISBN 957-549-433-4